教育之眼

李志欣
·著·

长江出版传媒 | 长江文艺出版社

图书在版编目（CIP）数据

教育之眼 / 李志欣著. -- 武汉 : 长江文艺出版社,
2023.8
（大教育书系）
ISBN 978-7-5702-2633-7

Ⅰ. ①教… Ⅱ. ①李… Ⅲ. ①教育工作－文集 Ⅳ.
①G634.343

中国国家版本馆 CIP 数据核字(2023)第 020698 号

教育之眼
JIAOYU ZHI YAN

责任编辑：李婉莹　　责任校对：毛季慧
封面设计：沐　云　　责任印制：邱　莉　杨　帆

出版：长江出版传媒　长江文艺出版社
地址：武汉市雄楚大街 268 号　　邮编：430070
发行：长江文艺出版社
http://www.cjlap.com
印刷：武汉珞珈山学苑印刷有限公司

开本：710 毫米×970 毫米　1/16　　印张：12.75
版次：2023 年 8 月第 1 版　　2023 年 8 月第 1 次印刷
字数：174 千字

定价：42.00 元

寻找教育的心灵和思想共鸣

张志勇

人生是一场漫长的旅行，修炼的是自己的心灵。

李志欣校长在教育的人生旅途上，走过了30多年的风风雨雨，始终抱守着纯粹的心灵、纯净的品格，闪耀着明亮的眼睛，去观察、发现这个世界上教育的美好。他的新著《教育之眼》，是他教育发现之旅的最新结晶。

朱永新先生说过，一个人的阅读史，就是他的精神发育史。阅读已经化为李校长生命中不可分割的部分，如果有一天突然停止了读书，他会觉得生命也就随之戛然而止。李校长通过阅读《孩子：挑战》《掌控习惯：如何养成好习惯并戒除坏习惯》《学习究竟是什么》《无限的游戏》《名师基质》《如何定义、评估和改变学校文化》《在普通课堂教出尖子生的20个方法：分层教学》等中外教育名家的著作，滋养和浇灌自己的教育思想和教育灵魂，成就了他富有创造性、艺术性的教育品质，激励他带着虔诚的心，勇于走进教师教学的课堂，走进学校教育的现场，去发现和创造真正的教育。

教师是教育的第一资源。正如联合国教科文组织的报告《一起重新构想我们的未来：为教育打造新的社会契约》所指出的："作为一项协作性事业，教学应进一步专业化，教学工作中教师作为知识生产者以及教育和社会变革的关键人物的工作应得到认可。”李校长走进优秀教师的课堂，发现教师们正在走入核心素养培育的自由王国：他们把教材打通，进行大单元、大任务整合教学；他们为了讲一篇课文，会引导学生阅读大量的相关文章，让学生走近那些具有智慧的大师；他们设计很多方法，融汇各学科的思想，训练学生质疑、批判的思维；他们让知识与生活密切相关，进行体验、探索、创新；他们以育人为本，尊重所有的生命，让学生都有尊严地成长；他们关注细节，嵌入反馈，启动评价，使学生养成终身学习的习惯；他们重视学情，唤醒好奇，点燃志趣，使学生在离开他们后仍然保持浓郁的学习渴望……

一个教育的行者，其生命的意义在于在研究别人和观照自身中不断地突破自己的教育生命体验和价值体认。李校长有幸沉浸于多所卓越学校的教育现场，这些学校始终秉承“育人为本”的教育观，把学生放在教育的中央；他们探索“以学习者为中心”的教学，重塑学习场景，把学习的权利还给学生；他们从细微处着手创新管理，进行系列微改革，达至“尽精微，致广大”的效果；他们尊重学生的兴趣与个性，开发多元课程，组织丰富的社团，满足每一个学生的需求；他们重视文化环境的创建，以核心价值观和先进的育人理念，打造有良知、有文明，学生不愿回家的学校……

海明威有句名言：优于别人，并不高贵，真正的高贵应该是优于过去的自己。李校长常常带着“一双反思的眼睛”看世界、看教育、做教育，在“博学之、审问之、慎思之、明辨之、笃行之”中，让自己的心灵真正得以解放，与所看到的、遇到的、想到的一切问题、现象、思想产生共鸣，学会用自己的思想对各种教育教学事件、教育教学主张做出解释，发现适合自己教育理念的最佳行动方案，自觉地去实践教育生活中的各种新发现，为教育、为社会、为自己、为他人，创造出有思想、有情感、有力量的新教育。

阅读李校长的书，听李校长娓娓道来一个个教育故事，便是与李校长一样循着自己心灵的声音，去发现那一个个教育的“真理”，去体会教育常识背后的力量。当谨记《史记·商君列传》之语：“反听之谓聪，内视之谓明，自胜之谓强。”

是为序。

（张志勇，北京师范大学国家高端智库教育国情调查中心主任、教授，教育部基础教育教学指导委员会副主任，中国家庭教育学会副会长。）

CONTENTS 目录

第三辑　阅读照亮发展

第四辑　思辨通往卓越

第五辑　遇见美好自己

第一辑

观察课堂情境

请把你的耳麦摘下来

我在听课时，经常发现有些教师喜欢戴着耳麦讲课。他们的目的肯定是想通过耳麦发出更大的声音，以便学生能听得更清楚，潜意识的理念却是想用高音量来控制课堂，管理课堂。

殊不知，课堂教与学，教师与学生需要的是用心听、用耳听、用眼听，甚至用整个的身心来听。

教师需要俯下身段、蹲下身子去平等地侧耳倾听，去听学生的学习成果表达，听学生之间、师生之间、人与文本之间的情感交流。倾听学生暴露出的问题，好有的放矢地再次组织新的学习活动；倾听学生不经意间诞生的精彩观念，智慧地处理学生生成的观念和问题；倾听学生的态度和价值观，有机地落实学科育人的任务。

学生在课堂上，不仅仅是用耳朵这一器官来学习的，他们同时需要把自己的眼睛、双手、心灵、大脑解放出来，用它们去倾听课堂的声音。他们需要在做中学、玩中学、错中学，需要倾听这些极好的学习方式所带来的体验，如此，他们的思维才能活跃起来，学习才能真实可见，学习才能变成学生自己的事。

戴着耳麦上课，良苦的用心可能阻碍了教育规律的良性运作。因戴了耳麦，教师会容易误解学生，错误地认为学生都已经听到了，甚至认为学生听到了就学会了。它还屏蔽了教师的观念与行为，使教师不容易推行“以学定教”“以学习者为中心”“用所学的知识来做事”的课程观念。

这种观念也会让学生错误地认为学习是以“听讲”为主的行为，对于其他能让学习效果更好的方式，如交流合作、动手体验、展示反馈、创造迁移等了解甚少，学生在学习中锻炼能力、提升素养的诉求，就难以得到体现与满足。

因此我建议老师尽量不要戴着耳麦去上课。学生不是学习知识的机器，他们需要你用你的整个人格、生命背景与情感智慧去引领、激励、唤醒。不要怕教室内学生太多而听不到你说话的声音与内容，课堂上学生才是真正的学习者，教师只不过是学生学习的帮助者、学生学习的教练。

课堂上更多传出的应该是学生的声音，学生更需要的是他们有机会进行自己的学习活动。教师的一句轻言细语也许更有教育的魅力与力量，一个眼神也能起到管理的作用。

请老师走下讲台，走近学生的身边，走进学生的心灵，去用心倾听学生整个身心的声音。“倾听”才是教室里最美的姿态。教师、学生都要学会“倾听”这一高超的策略，缺失了“倾听”的一切课堂改革都是虚假的行动。

我一直不认可那些追求表面上人人跃跃欲试、欢呼雀跃、振臂高呼的课堂气氛。那些认真倾听他者的学生，把发言的机会让给同学的学生，静静地做笔记的学生，不也是课堂的主动参与者吗？一堂没有任何声音但思维在积极运转的课堂，不也是效益高的课堂吗？我经常看到有些老师总是喋喋不休，学生有个问题他就马上指出来，但是时间久了，学生就视而不见、习以为常了。但是有的老师面对正在喧嚣的学生，眼睛盯着每个人，冷静坚定地保持着沉默，学生反而很快安静下来了。其实，这时的沉默是一种很有效的教育艺术，是一项很有用的管理技巧。我们不能再忽略甚至轻视那些沉默者了，也许这里面才会出现真正的智者、真实的学者。

走进英语老师郑雪的课堂，我感受到了“沉默”的声音和力量。教师慢慢地四处走动，学生轻轻地互相讨论、静静地自主阅读，师生之间耐心地倾听，等等，都是如此有条不紊、井然有序。

如果你不认真深入师生的心灵与精神之中，你会感觉这是一节效果一般的课堂，但是，当你细观其任务与问题设计，你就会发现其具有很强的层次感，符合学生的认知规律。具体到与学生的对话，也是脉络清晰的，如让一名学生展示，要求他完整说出思维过程，然后让所有学生齐说，接着要求学生两人一组合作，互相评价。

在郑雪老师的课堂上，能让学生说的，老师绝不先说；能让学生做的，老师绝不代替。这体现了“先学后教”和“做中学”的理念。当然，这离不开教师事先设计的解决问题的一些证据，如完成思维导图、填表格、造句等。但是，给我感受最多的是“错中学”（Learning by Trying）的理念。杜威认为，教学不仅在于教给学生科学的结论，更重要的是促进并激发学生思维，使他们掌握发现真理、解决问题的科学方法，即主张让学生在问题的情境中自己探索，自己改善和改进经验，自己得出结论，从而得到发展。

郑雪老师通过让学生现场复述的方式，让学生不知不觉地暴露自己的思维问题，从而激发学生的思考、质疑与讨论；通过变式重复，让学生暴露出来的思维问题尽快得到确认；通过请学生讲，让学生在讲的时候慢慢发现自己存在的思维问题，如果学生自己不知道，就请其他学生帮忙。课堂上运用的这三步，是学生暴露思维问题的过程，也是教师当好教练、做好“脚手架”的过程。当教师退居学生身后，等学生有具体的思维问题才进行指导时，恰恰给学生留出了自我学习、反思和教育的空间，学生才有机会不断提升自己的思维能力和水平。从这个角度看，郑雪老师的课是有思维深度的，刻意训练了思维力，提升了学习效果。

之所以用“看似沉默的课堂”给郑雪老师的课堂下定义，本质是因为“问题”成为课堂中的伟大事物，“用所学知识来做事”成了课堂思维对话的载体。具有积极思维氛围的场域，表面看似沉默，内在实则活跃。

在这堂“沉默”的课堂里，我也听到了最动人的声音，那就是学生听懂教师和同学话语表达时会意的笑声。同样是轻轻的，飘荡在整个教室里，如春风荡漾。此时无声胜有声，耳麦还有什么用呢？用了耳麦还会出现如此生动的课堂吗？

运用“课堂及时评价与反馈”策略，给学生二次学习机会

我在听一些年轻教师的课时，经常会看到如此现象：老师提出一个问题时，看见一个学生立即举手了，这位老师就迫不及待地叫这名学生站起来回答，答对了，就接着问下一个问题；如果没答对，老师就补充答案或亲自解答，然后继续进行讲授。当安排学生自主或合作学习时，教师巡视观察学生，却不能走到每一个学生身边或深入小组内，进行有针对性的个别指导，干预其学习状态，观察学生落实问题的真实信息，记录关于学生落实问题准确度的数据。在进行展示分享时，老师便会很盲目地指定学生，可能会出现谁举手就点谁，或指定身边的几个学生，或随意点名的现象。即使用学生的学习作品作为案例，也是目的不清晰地随意选择某几位同学的作品，缺乏典型意义，而不能依据学生的具体情况，根据课堂暴露的问题，聚焦学习目标和课堂生成的学情，进行精准点评。于是，草草将学生得出的结论直接或者由教师进一步补充后，作为正确答案结束这一学习活动，不考虑没有进行展示分享的学生是否在认真倾听、记录，也没有让更多的学生质疑、补充，然后让学生根据问题再次展开讨论学习。如此，忽略或掩盖了部分学生的真实学习状况，学习目标没有落实到每个学生

那里，不同层次的学生，或吃不饱，或没机会吃，或消化不良。没有反刍知识的时间，缺乏学习思考的过程，过于重视学习结果的产出和学习进度的完成，让部分回答错误或跟不上节奏的学生，在课堂上被这种无视毫不留情地淹没了。

听地理学科刘玉潇老师的一节授课，我却看到了令人满意的现象。课堂情境是从请学生展示《国产乳制品和进口乳制品调查分析报告》开始的，有三名学生到台前进行了分享，其他学生均能做到认真倾听报告内容，老师则站在一边，边认真倾听边环顾教室里的每个学生。老师通过简短点评，便自然导入本节课的课题“欧洲西部的畜牧业”。据课后了解，刘玉潇老师在指导学生做报告时，通过社会问卷调查，将自己的研究精神和方法传给学生；借用数据分析，让学生在课前就“动起来”，使课堂教学更加合理有据。

然后，刘老师把三个学习目标分配给每排的四个小组（四人一组）。第一排负责目标一：“天时”——气候对畜牧业的影响。第二排负责目标二：“地利”——地形对畜牧业的影响。第三排负责目标三：“人和”——现代化的畜牧业。老师果断要求，各组根据领取的任务，按照问题，结合图表和数据，先进行五分钟的自主探究，此时教师迅速在教室内转动。我看到，刘老师走到了每一名学生的身边，侧身注视学生或学生的学习单。五分钟到，刘老师继续果断地要求，再给同学们五分钟进行小组合作探究，准备以小组为单位进行展示。刘老师此时迅速走进每个小组，要么观察，要么直接参与讨论，进行活动干预或有针对性的指导。我能感觉到，刘老师对每个小组的活动情况、讨论效果以及学习结果都了如指掌，她甚至能敏感地注意到每个学生的眼神、手里的小动作等细节，然后悄悄地提醒，把所有学生的状态和情绪都带入专注的深度思考中。待小组进行展示分享时，自然是很精彩：台上学生思维严密清晰，仪态大方自然，他们完成展示后，台下其他小组的学生能站起来补充，甚至提出疑问，展示的学生则进行答疑。最后，刘老师从学生分享的观点中，提炼出关键词板书到黑板上。可以看出，在日常的课堂里，刘老师也是如此指导和培训学生的。我发现，本节课每一个学生都处在积极的思维行动中。此时我想到了一个教学技巧，即“及时评价与反馈”，是这个教学技巧发挥了主要作用。

下面借用同事李轩老师（兼任学校金帆管乐团指挥）对刘老师展示环节的评价，再次领略刘老师教学技巧的魅力：

在学生的课堂展示环节，教师往往会只关注上台汇报展示的学生，而忽视了台下聆听的学生，因此听众经常浑水摸鱼。玉潇能做到眼观六路，耳听八方，既留意着台上汇报者的发言内容是否正确，及时质疑；又兼顾着台下旁观者是否在认真聆听，及时做出提醒；还能游刃有余地关注到台下的“相反声音”，顺水推舟让其进行补充。

其实课堂教学有点像指挥乐团演出，指挥者“动手不动口”，小棒一挥，下面的演奏员就忙活起来，创造出美妙的音乐。反观本课，玉潇不费吹灰之力就让课堂的“演奏员们”动起来，不仅动起来，而且动得如此和谐有序。在这一点上，她比我更像“指挥家”。

“课堂及时评价与反馈”是教师及时地对学生在课堂中的表现进行观察和分析后再给予回应的过程。“及时评价与反馈”贯穿着课堂教学的始终，对教学有着重要的影响。在课堂教学过程中应用这一教学技巧时，教师要能够看见每一个学生，要有意识地对学生给予鼓励（教师的言语鼓励最好伴随着赞美的神情、表示肯定的肢体语言，这样能够充分给予受表扬的学生“心理按摩”。同时，在场学生的围观也增益了这种鼓励的有效性）。

课后的总结与反馈是课堂反馈的延续。对于教师而言，课堂中的即时反馈有利于他们观察学生的参与度和活跃度，了解学生的知识掌握程度，课后学生的学习报告则能帮助他们总体掌握学生的学习水平，从而优化教学结构。

我欣喜地发现，刘老师设计了“课后学习评价与反馈单”（提供如下）。对于学生而言，教师的课堂反馈水平与学习效率、学习积极性挂钩，教师提供的课后评价则能加深学生的反思。这样，教师可以生成每个学生的学习报告，为学生回顾课堂、进行反思、深化学习等提供帮助。教师不仅能进行即时的显性反馈，也能基于回看学生表现、研究学生的学习情况报告等方式调整教学方案与任务，形成隐形反馈。

课后学习评价与反馈单

<table>
<tr><th>评价项目</th><th>评价维度</th><th colspan="2">评价等级</th><th>自我评价</th></tr>
<tr><td rowspan="3">评价过程</td><td>参与态度</td><td colspan="2">1. 没有完成相关任务。
2. 能完成任务要求，但有遗漏。
3. 主动完成任务，工整整洁。</td><td></td></tr>
<tr><td>小组合作</td><td colspan="2">1. 讨论不主动，互相不交流。
2. 积极讨论，各自完成。
3. 小组共同参与，讨论积极，互相帮助。</td><td></td></tr>
<tr><td>进度安排</td><td colspan="2">1. 毫无时间意识，未完成任务。
2. 时间安排不合理，匆忙完成任务。
3. 符合进度要求，抓紧时间完成任务。</td><td></td></tr>
<tr><td rowspan="2">评价成果</td><td>地理知识</td><td>1. 不能准确分析问题并完成逻辑框图。
2. 分析问题不够细致、准确，使用逻辑框图总结不完善、不准确。
3. 能通过阅读图文材料准确分析气候 / 地形 / 社会条件对畜牧业发展的影响，完成逻辑框图。</td><td>评价工具:
1. 学案思维框图完成度。
2. 作业习题完成情况。</td><td></td></tr>
<tr><td>地理技能</td><td>1. 不会判读并归纳相关材料信息。
2. 对气候 / 地形相关图表判读不准确，文字材料归纳不清晰。
3. 能准确判读气候 / 地形图或教材材料。</td><td></td><td></td></tr>
</table>

续表

评价项目	评价维度	评价等级	自我评价
评价展示	口头表达	1. 不清楚，不连贯，描述错误。 2. 内容准确，但不够全面，表述基本清楚。 3. 表达流畅，逻辑清晰，内容全面、准确。	
等级		A 级（出色完成）：等级和大于等于 15。 B 级（基本完成）：等级和大于等于 12。 C 级（有待提高）：等级和小于 12。	
学生总结：			
教师评价：			

我曾经在特级教师崔成林老师的朋友圈里看到“黄金学习环”这一概念，是这样解读的：“黄金学习环”即在学习中给学生“黄金二次机会（矫正反馈）”。学习环以目标为核心（内核），流程为读（听）—做（练）—展（答）—评（改），即聆听阅读新知—解决问题或完成挑战性任务—表达展示成果—交互评价反馈（含自评修正）。这样的教学是一个完整的、闭合的学习环，学生有思考、经历、产出和修正（二次机会）的时空，真实学习才能发生。

刘玉潇老师的课之所以能让学生都积极参与，效果好，即是因为遵循了“黄金学习环”这一规律。

2021 年 8 月 30 日，教育部办公厅发布《关于加强义务教育学校考试管理的通知》，文件要求：“要完善学习过程评价与考试结果评价有机结合的学业考评制度，加强学生学习过程评价，鼓励实践性评价，可以采用课堂观测、随堂练习、实验操作、课后作业等方式开展学生学习情况的即时性评价，通过定期交流、主题演讲、成果展示、学生述评等方式开展阶段性评价。要注重学生综合素质、学习习惯与学习表现、学习能力与创新精神等方面的评价。要创新评价工具手段，积极利用人工智能、大数据等现代信息技术，探索开展学生各年级学习情况全过程评价、德智体美劳全要素评价。”

仅就“课堂及时评价与反馈”来说，我建议教师学习领会上面所介绍的“黄金学习环”规律。同时，提倡教师借助人工智能、大数据等现代信息技术手段，实时收集和分析学生的学习数据，这样可以清楚地了解到每一位学生每堂课的学习任务的完成情况，又有助于教师及时地调整教学思路，进行具有针对性的教学设计。教师基于精准的数据，根据不同班级、不同学生的学习情况，有效地实施个性化教学，能做到真正的因材施教，满足学生不同的学习需求，最终达到提高教学效率和提高学生学习效率的目标。

《像冠军一样教学》一书中有这样一段论述：“作为教师，我们应该投入大量的时间和精力来了解学生们在学习中出现的错误，帮助学生将误解转化为理解，把他们的错误答案改为正确答案。但如果我们的目标是帮助学生从错误中得到启发，并提高他们的学习成绩，那么仅仅让学生改错只完成了目标的一半。检验学生是否能够应对并掌握关键知识点的方法是看他们是否能够运用这些知识点来改善他们以后的学习任务，这就要求学生对他们学过的知识进行反思，并明白为什么他们之前的答案是错误的。学生们必须学会自主学习并追踪错误，即在他们改正错误的过程中，学到知识并对这些知识进行反思，这意味着学生们要积极参与改错的过程并对改错的过程进行记录。”

书中还提到“对错误进行元认知思考和对正确回答也要进行元认知研究”的理论。“对错误进行元认知思考”，你在研究或纠正错误的过程中关注得越多，对纠错的反思就会变得越重要。因此，同学们做了笔记去记录学习过程和思考过程，他们之后可以研读笔记，一次又一次地将他们从纠错过程中得到的知识运用在相似的学习任务中。比如，让学生圈出错误的精准位置，然后清楚地做出标记，写出应该怎样做才是正确的，这个练习能帮助学生了解并深度思考他们所犯错误的价值，也形象化地表示出他们所学习的知识。

“对正确回答也要进行元认知研究”，即让学生了解他们回答正确的原因与让学生了解他们犯错的原因同样重要，这样会一直提醒他们应该做什么、不应该做什么，会给他们之后的学习提供重要的指导。帮助学生了解不完美回答中的正确之处，可以让学生知道他们距离成功很近，也许比他们原来想象的还要接近。这样可以帮助学生看到错误答案中的价值，了解错误答案中的肯定之处。教师要求学生圈出指向正确答案的重要知识点，然后进一步推动学生，要求他们给这些重要的知识点加脚注，解释他们的思考过程。这种标记体系给学生提供了足够的空间去清楚地解释答案的正确之处，不需要与题目本身挤到一起。

我想，刘玉潇老师自觉不自觉地巧妙运用了上述理论和学习规律，有效运用了“课堂及时评价与反馈策略”，才取得了课堂教学的成功。虽然还有很多地方需要完善和学习，比如“对错误进行元认知思考和对正确回答也要进行元认知研究”的实践，但作为一名刚毕业两年的年轻老师，刘老师未来可期。

一体化大任务架构的课堂

上午第二节课，我走进初中毕业班七班的教室，静静等待陈静老师的到来。伴随着上课前两分钟的预备铃声，走进一位个头不高，却显得干练精致的女教师。她开始准备课件，要求学生回忆上节课的内容。看得出，她还没有发现我坐在后面。

在此，我不想罗列陈老师课堂教学的那些环节和内容，我想把她的风格或特点进行一下梳理，也许这更能对这位已有二十六年教学经验的老师的教学有所启发。

本节课陈老师采取的是“任务驱动教学法”（暂且如此命名）。按照陈老师的教学思想，一节课任务不能太多太杂，两到三个比较合适。其实这是一种“大任务教学”的理念。下面我提供陈老师设计的这两个大任务，让我们一起走进她的精彩课堂。

任务一：阅读导读材料《说“勤”》，标出三要素，梳理本文的行文思路，画出本文的论证结构图。

任务二：熟读《敬业与乐业》，先批注三要素，然后整体梳理文章的行文思路，画出本文的论证结构图。

这与一般的语文老师的课是不同的：一般的课堂是从教学目标或学习目标开始，然后将情境导引、活动设计等依次呈现，而陈老师的课开门见山地出示学习任务。从对任务文字表述的理解以及我对这一节课的感受来看，陈老师之所以这样做，是因为她所设计和运行的任务功能不是单一的。这两项任务其实既是这节课的两个目标，又是活动设计，还是问题设计，更是评价设计，实现了“目标、问题、活动、评价”的一体化设计。

陈老师的任务设计，其主体是站在学生的立场上的，而不是教师的教学要求。其行为表现，即关注怎么学、学到什么，具体可操作。其行为条件，即先干什么，然后干什么，非常清晰。关于学到什么程度，形成什么成果或产品，也交代明确。

任务虽然没有明确问题是什么，但暗含问题的设计，并且都是学习内容的核心问题和关键问题，其特点是凸显“思维成果”，如“行文思路、论证结构图”。这种问题在课堂教学中起到牵一发而动全身的作用，因为把关键问题解决了，其他问题也大都可以迎刃而解；还会在教师以及学生心里积淀一种积极的思维，这种思维的形成，对于解决其他问题乃至未来的发展，都会起到极其重要的作用。

学习任务中用于定义活动的行为动词非常准确，如任务一中的阅读、标出、梳理、画出，任务二中的熟读、批注、整体梳理、画出。在具体的教学互动中，以自主阅读与自主学习为主，也伴随适当的师生交互活动和群体协作活动。这些关键词明确引领着学生自主进行思考合作。《学记》说得好：“开而弗达。”教师不要把学生领进门，而是要让学生自己打开知识的大门，自己去探索那片神秘的未知世界。在交互活动中，陈老师有意识地示弱，让位于学生，只有学生确实有解决不了的问题时，她才“千呼万唤始出来”予以“语之”。就像《学记》所说的那样："其言也，约而达，微而臧，罕譬而喻。"

任务设计也承担了课堂评价这一功能，不仅重视评价这一动作，里面更暗含评价的量规，如"先批注三要素，然后整体梳理文章的行文思路"。这种评价的规则，是与学习同时发生的，将评价融合到教学的整个过程中，评价不再是学习的终结，而是改进学习方法、提高学习能力的载体。它有利于学生自我评价、自我反馈。

基于目标、问题、活动、评价的一体化任务设计，让课堂学习由浅表学习走向深度学习，由任意为之走向专业设计，让"为什么教""教什么""怎么教""教得怎么样"这几个问题有了更加清晰、有效、科学的解决策略。这样的教与学，就有了《学记》上所说的"教学相长"与"学学半"的妙趣。

另外，我还发现了陈老师课堂上的另一种一体化思想，如同日本东京大学教授佐藤学所提出的理念，即"倾听—串联—反刍"思想。

陈老师懂得倾听每一位学生的心声，完整接纳每一位学生的想法，在教学中尊重每一位学生的尊严。"倾听"不只是针对教师的行为要求，对于生生互动也同样适用：看课堂学生的状态，学生是否有互相倾听的习惯？

所谓"串联"，即教师在教学中把一个学生同其他学生串联起来，把一种知识同其他知识串联起来，把课堂里的知识同社会实际串联起来，把学生的现在同未来串联起来。陈老师的教学有一个显著的思维品质，就是具有"串联"的特征。在教学过程中，她着重注意将学生已学过的知识和未掌握的知识串联，重视迁移的力量，重视教学之间的关联性，注重课前课后的练习。甚至陈老师布置的家庭作业，还与课堂中的任务有关系。这是一种高超的教育技术。

我观摩过众多课堂，但学生"不懂"的时候能够直言不讳的课堂并不多见。要使学生的沟通既有深度又有广度，教师要做的不是"诱导"发言，而是促使"反刍"。反思教学方式，促进每一个学生的课堂参与，组织多样的个体之间的相互切磋，课堂对话就一定能够更加丰富多彩地交响起来。在陈老师的课堂上，最精彩的片段即在此。课堂上陈老师抛出一个问题，请学生简要完整地说出行文思路；陈老师启发学生挑战，激励学生举手，留给学生思考的时间，借表扬男生鼓励女生等举措，都属于促使“反刍”的策略。

在陈老师的课堂里，还不仅仅有这些“一体化”，她的板书设计以思维导图的形式，用了四种颜色的粉笔，将内容与任务、整节课的重难点有机联系；她与学生的互动中，“提问、等待、引导”三个步骤同样构成了一体化的样态。

我认为，陈老师可以慢慢形成自己的教学主张。我希望陈老师从以下三个方面进一步加强对自己教学的探索和研究：一是教学主张的教材化研究——使教学主张有根有源；二是教学主张的教学化研究——使教学主张看得见、摸得着；三是教学主张的人格化研究——使教学主张名师化、精神化（余文森教授的观点）。也就是使自己的教学进入教师本人，成为教师人格的一部分和特征，把教学观进一步升华为自己的人生观、价值观，并转化为具有自己风格的思维方式、行为方式和生活方式。

听陈老师说，她以前探索的是“问题导学”课堂，如今探索的是“任务驱动”课堂。我认为，这是有联系的，后者是前者的升级版。“问题导学”是 1.0 版，“任务驱动”是 2.0 版，我期待陈静老师进化版的 3.0 课堂。

课堂教学中需要完整的人的教育

学校组织了一场青年教师课堂教学比赛，我作为评委之一，有机会听完了学校所有入职五年内的青年教师的课。多数老师的课，不管是其闪光点，还是其显露的问题，都是清晰明确的。但是有一节语文课，其中的一处问题处理方式引发了大家的议论。本文旨在引发大家的思考，不做观点对错的分析。

该老师所授内容是部编版七年级（下）第三单元第12课《台阶》，单元主题是“凡人微光”。单元有如下说明：“本单元的课文都是关于‘小人物’的故事，这些人物虽然平凡，且有弱点，但在他们身上又常常闪现优秀品格的光辉，引导人们向善、务实、求美。其实，普通人也一样可以活得精彩，抵达某种人生的境界。本单元的学习注重熟读精思，要注意从标题、详略安排、角度选择等方面把握文章重点，以及从开头、结尾、文中的反复及特别之处发现关键语句，感受文章的意蕴。”

该老师做了如下单元内容分析：

育人目标：本单元课文都是生活中“小人物”的故事。这些小人物没有传奇的经历、壮丽的事业，没有精湛的学识、豪迈的语言，但他们仍然带给人们深深的感动。他们有着朴素的爱与单纯的善，有着平凡的向往与坚定的追求，有着自信与智慧。他们是像我们一样平凡的人，所以这些小人物的故事更容易启发学生审视人性、理解社会、净化心灵。在小人物的故事中，深化学生对“怎样做人”的认识，启发学生更积极、理性地看待身边的普通人，发现他人身上的闪光点。

语文学习目标：通过阅读这几篇写人叙事的作品，了解叙事作品的共性，体会不同文体在阅读欣赏中的差异性，获得阅读欣赏叙事作品的经验和方法，提升对文学语言的感受力，增强对作品意蕴的思考和领悟能力，充分领略叙事作品的形象美、语言美、意蕴美。

可能遇到的困难：这几篇文章的时代背景与学生生活的时代差距较大，学生较难在把握时代背景的基础上品悟细节、感悟人物。

基本教学设计：

1. 教学目标：

（1）结合小说的文体特征，从情节入手，深入细节，欣赏人物形象。

（2）在欣赏人物形象的同时，体会“台阶”的含义，把握小说主题，对小说主题进行多元解读。

2. 主要教学环节：

（1）初读课文，感父亲：引导学生回顾故事情节，感悟父亲，展示学生初读课文时提出的问题。

（2）精读细思，品父亲：通过学生提出的问题，引导学生通过圈点批注的方式品悟父亲形象。

（3）深入内心，悟父亲：通过学生提出的问题，引导学生细读文本，感悟父亲的内心世界。

（4）深入作者，悟情感：父亲用大半辈子的时间去造一栋有高台阶的新屋，却在新屋落成之后感到空虚和寂寞。作者对此是什么态度呢？作者笔下的“父亲”是一个悲剧人物吗？展示文本研究者的观点，将研究者的观点分为伟大派和悲剧派，启发学生阐释观点。最后学生朗读作者观点，升华主题。

从教学设计到课堂实施，我全程跟踪。但是在我们评课的环节，有的老师提出了一个疑问："在教学环节（4）'深入作者，悟情感'的活动中有如下问题：作者笔下的'父亲'是一个悲剧人物吗？这个问题如果与单元说明对照，是否偏离了本单元编者的意图？或是有可能引偏了学生们的价值体认？"

于是我再次阅读了执教者潘老师呈现该问题的设计意图：承接上一个环节的人物内心世界分析，进一步深入细节，通过思辨性思考感悟作品主题与作者情感。回忆潘老师课堂的现场情境，她是通过出示正反两方面的观点，引发大家思维的碰撞来解决这个问题的。

我的观点是：作为一个年轻教师，潘老师通过了解与自己教学有关的学术界的成果，并从语文教学自身规律出发，创造性地消化、吸收这些成果，发挥个人的创造力、想象力，引领学生思考，培养其思维，这种做法应该是值得提倡的。但是我又感觉其他老师的观点也有道理，毕竟潘老师预测到了学生可能遇到的困难，即文章的时代背景与学生生活的时代差距较大，学生较难在把握时代背景的基础上真正理解父亲这一人物形象，以及作者背后蕴藏的情感。

于是，我通过手机上网，在微信公众号"张老湿说"中搜索到一篇文章《〈台阶〉中父亲形象的深度分析》。文中有如下观点：

在这篇小说中，"父亲"作为一个作者着力塑造的形象，一直是各个语文老师教学分析的重点。很多时候，老师们都把重心放在了对父亲优秀品质的歌颂上。的确，这个"父亲"勤劳、节俭、不甘人后，他要用自己的双手和自己的劳动自立于受人尊重者的行列。他又有着坚持不懈的精神，在确定了一个目标之后，甘愿为此付出一生的努力。同时，父亲又有着中国农民特有的谦恭和低调，他在新屋的台阶造好之后，却不好意思再坐上去。在此基础上，有的老师能更进一步，歌颂之后，又能对作者寄予的对“父亲”悲剧命运的同情进行点明。但是，如果我们只是赞美和同情“父亲”，就丢失了解读这篇文章更重要的元素，让这篇足以直击灵魂的小说失去了深层魅力。

那么，该如何深度解读父亲呢？文章提出了三个观点：首先，我们在看到父亲优秀品质的同时，更要看到父亲身上的苦难；其次，我们在看到父亲坚持不懈追求梦想的同时，更要看到他精神上所处的困局；再次，我们在分析父亲形象的象征意义的同时，更要看到他在我们每个读者内心深处的投影。

根据这篇文章，我鼓励了看着好像很困惑的潘老师。几天后，我收到潘老师的一篇教学反思《如何将语文课堂教学与学生的生命成长相联系》，读后我深深思考，为这位年轻老师的学习意识与反思品质而叫好。下面我摘录部分内容如下：

我原本以为我对学情的把握不准是对学生掌握知识的把握不准，现在看来简直是本末倒置。对学情的把握更大程度上是对学生生活环境、认知水平、所思所想的把握。虽然说文学源于生活，高于生活，但是语文教学不是纸上谈兵，不是唯文本是论，搭建语文学科与学生生命成长之间的桥梁是教师义不容辞的责任。我们的教学万不可囿于文本，拘泥于文字，而应将语文学科的学习与学生的生命成长相联系，让学生一课一得，一课一收获，一课一体验，一课一成长。正如爱因斯坦所言：“当学生把学校教给他的所有东西都忘掉以后，剩下来的就是教育。”如果将《台阶》这节课的学习与采访校工、体验生活相联系，学生的收获将不仅仅是对文本的理解，更重要的是对真实生活的体验，体会普通人生活的不易，体会父母、老师等的辛苦付出，这是对生命成长的感悟。教师要正确处理学生的真实生活和价值体认之间的关系，引导学生感悟以文中父亲为代表的群像是中国的筋骨和脊梁，从而体会生命之美，美在创造，美在劳动，让学生体悟到语文学科所承载的引领生命成长的意义，将语文教学扎根在学生生命成长的土壤中。

在最初的备课中，我本想直接指出父亲的伟大之处，指出“以父亲为代表的这些一无所有但依旧艰苦创业的草根阶层，正是中国的筋骨和脊梁，中华民族也正是在这样的坚忍精神的支撑下才繁衍生息的”。但是，后来在改课的过程中，我把目标定位在了培养学生的辩证思维上。最终我改变了形式，希望学生先辨析论证，我再给出结论。但由于该环节课堂时间不足，最后我只是展示了作者的观点，让学生齐读，现在想来这样的处理对学生价值观的培养是非常无力的。我只想到要培养学生的思维，没有将教材中的“你是怎样看待父亲这一人物形象的？”这一问题与“在他们身上又常常闪现优秀品格的光辉，引导人们向善、务实、求美”的单元导语相联系，更没有以这篇文章为基点起到引导学生理解社会、净化心灵的作用，忽略了最基本的“立德树人”的目标，忽略了最基本的价值观导向问题，这是舍本逐末的做法。

进一步说明，本文不做结论性的评述，仅供大家观点争鸣。但是，从潘老师的反思中，我看到了潘老师的迅速成长。难能可贵的是，她领悟到了“教学与学生生命成长的关系”。因为时间关系，这节课有一点缺陷，就是没有来得及充分针对伟大派和悲剧派提出的观点，启发学生阐释自己的观点，从而升华主题。当然，这个遗憾可以通过课后作业或下一节课进行弥补。

其实，正如叶澜教授在《让课堂焕发出生命活力——论中小学教学改革的深化》一文中提出的观点：从生命的高度用动态生成的观点看课堂教学。

首先，课堂教学应被看作师生人生中一段重要的生命经历，是他们生命有意义的构成部分。对于学生而言，课堂教学是其学校生活最基本的构成部分，它的质量，直接影响学生当前及今后的多方面发展和成长；对于教师而言，课堂教学是其职业生活的最基本构成部分，它的质量，直接影响教师对职业的感受、态度和专业水平的发展、生命价值的体现。课堂教学对于参与者具有个体生命价值。

其次，课堂教学的目标应全面体现培养目标，促进学生的全面发展，而不是只局限于认识方面的发展。课堂教学中的目标应该包括情感目标，但不是与认知目标相呼应的情感目标，而是指向学生对己、对事、对他人、对群体的情感体验的健康、丰富和情感控制能力的发展。显然，这不是上一节课就能完成的，但必须通过每节课来实现，渗透在课堂教学的全过程之中。自然，课堂教学的完整目标还应该包含学生的意志、合作能力、行为习惯及交往意识与能力等多方面。其中每一项，都应具有与认知活动相关的内容及价值，又有其相对独立的内容及价值。这些方面的综合，才构成学生生命整体发展。因此，在研究课堂教学时，要注意两方面的关系与整合：一方面是知识体系的内在联系、多重关系，以求整合效应；另一方面是学生生命活动诸方面的内在联系、相互协调和整体发展。这是一个尚需下大力气深入研究的问题。不仅要揭示上述两方面的规律，还要研究课堂教学与这些目标之间的具体关系。但今天可以明确提出的是：我们需要课堂教学中完整的人的教育。

我想，叶澜教授的观点回应了我们的讨论，给我们的教学提出了根本性的方向，是每位教师需要努力到达的高点与境界。

思维的“跑马场”是如何营建的

记得2015年，我所担任班主任的那个班级初一（5）班，由于我工作的变动，学校安排班主任工作由张娜老师接替。但是没多久，我就听说我们班的班主任又换了，原因是张娜老师突然身体不适，不能继续担任班主任工作了。从此，张娜这个名字就留在了我的脑海里。

2021年我又因为工作变动，回到老学校工作。一次我去初二办公室，一位朴实且真诚的女教师主动与我打招呼：“我叫张娜。”我立即记起以前的事情，于是我们熟悉起来，有了很多的交流。

早就听说张老师的数学课很精彩，很有特色，于是带着一种学习的心态，我走进了张娜老师的课堂。张老师这节课的教学主题是“平移”。张老师的情境导入环节很是简洁，可以说是单刀直入。仅举一例“观光的缆车”，就能让学生说出这种运动的特点——位置在变化，不变的是大小、方向。接着直接提出平移的定义，板书展示。此刻我有些怀疑：怎么看不出张老师课堂的特点啊，这么平常？但是，之后我慢慢听出门道来了。张老师让学生用关键词说出除了平移运动还有什么运动，有的学生说出了轴对称，有个男生还说到三维空间。我替张老师捏把汗：学生是不是跑题了？但是张老师同样用很巧妙的方式迅速把话题转回课堂问题，学生在被鼓励中跟着张老师的问题继续思考。张老师让学生的思维发散，旨在运用比较策略，通过串联方式，调动每个学生的思维。

张老师非常注重让学生提出问题，放手让学生讨论，她则走近每个小组、每个学生，个别指导，了解学情，并提醒他们用标准严谨的几何语言展示过程、描述方法。张老师在黑板上作图后让学生观察，问学生有什么发现。张老师的如下课堂用语值得学习：“再商量。”“还有其他吗？”不断地追问，留给学生充足的思考时间和交流机会。

我定义张老师的课堂特点如下：出其不意，大开大合；教学相长，语言严谨；唤醒思维，求异存同；引导发现，产出观念；处处惊险，时时挑战。学生的思维始终处于活跃的状态，张老师愿意让学生暴露真实的思维问题，看见思考的过程，让学生在“错中学”，然后在“做中学”；既注重学生的自主思考，又注重学生的小组合作学习，以训练学生良好的思维品质。

如果用“不愤不启，不悱不发，举一隅不以三隅反，则不复也”（《论语·述而》）来评价张老师的教学，我认为更加贴切。这句话的意思是：“不到心里想弄通却通不了的时候，我不启示他；不到嘴里想说却说不出的时候，我不开导他。举出一角，不用其余三角自反自证，我就不再说什么了。”

如果大家以为我的评价有些夸张的话，让我们再读读张老师的学生章熙轲同学的评价：“张老师的授课风格极有特点，总是能让我们在轻快的节奏当中学到更多的知识。她擅长营造活跃的课堂气氛，调动我们的思维，使我们全身心投入课堂当中。她的板书也颇具风格，布局美观；总能有条理地安排知识点，每一部分之间都有相应的逻辑。最后，她经常倡导我们认真思考，培养我们举一反三、善于质疑的能力；对看似已经是定论的结论刨根问底，让我们明白缘由和知识之间的关系。梳理知识结构图、整理逻辑关系……这些灵活的方法都是她上课时的诀窍。”

最后，我想说，在张娜老师的课上，有一种文化在起作用，即“容错文化”，否则，学生的思维火花怎会被点燃后如此熠熠闪烁？那么什么是“容错文化”？“在课堂上，正确的可能只是模仿，但是错误的一定是创新。”特级教师华应龙如是说。“无错之课即错课”，“留机会给学生犯错，不随意截断学生犯错的思维‘进程’，使他们感觉自己有权利犯错”，名师冯卫东的“错课观”及“鼓励、怂恿”学生犯错的观点更是振聋发聩。

在张娜老师的课堂里，她营造了“容错文化”的课堂心理环境场，构建了融错、化错教育教学的流程链。这些，一定来自张老师的深度备课，一定能提高她对错误的识别、应对效率。在课堂上，她克服潜意识，言行举止尽量不暴露出或让学生感知到答案正误和她对该答案的重视程度；她会挖掘、利用错误，促使课堂动态深度生成；她鼓励学生尝试、挑战更难的问题，勇于第一个把自己的见解与同伴分享；她更会运用巩固性纠错、变式纠错、持续性纠错策略，尽量从根源上解决问题。

允许学生出错，容忍学生出错，就是尊重学生的劳动。可怕的不是学生犯错，而是教师错误地对待学生的错误。真正做到这一点很难，这需要有气量和胸怀，但张老师做到了。

要说给张老师提出建议的话，我希望张老师今后进一步梳理总结，更好地实现如下理想的诉求：返回学生内心，邀请学生检验自己的生活；直面生命个性并关照学生的真实兴趣和情感；创造机会让学生生成观念，敢于质疑，构建自己的立场；尊重和欣赏学生的选择和错误，把错误作为教育资源和真正学习的起点；把自己的学科往外拓展，跨学科整合课程，为学生提供更有意义、更有价值的学习。

避免日常课堂教学的程序化问题

在日常的课堂上，为了收集关于学生掌握知识的情况的信息，老师常常会问一些这样的问题："关于……，大家都清楚了吗？""关于……，同学们明白了吗？"

大家再看看整个教室里面，经常会出现这样的场面：学生通常默不作声，表示认同；或者含糊地回答"嗯，是的"。此时，老师往往会说："好，接下来我们一起学习……"

比较好的场面是，会有几个学生慢慢举起手来，老师便像看到了希望之光一般，匆匆叫起一名学生说出问题的答案，并提醒其他学生要记住。课堂活动于是继续进行下去。

"大家都清楚了吗？""大家都明白了吗？"这类问题属于程序化的问题，答案几乎都是出于被动的"是"。但是部分老师热衷于提此类问题，问了一遍又一遍，答案差不多都是不准确的。

更甚者，经常有老师讲完了某个问题，会不自觉地问一句："是不是？"在课堂的集体环境中，绝大多数这类提问得到的回应只不过是形式而已。不管懂不懂、会不会、是不是，学生通常都会说懂、会、是。此时，我们得到的反馈信息是不可信的。而老师如此提问的目的，也不是真正想停下来收集来自学生的反馈信息，不过是借助学生的应答来配合自己的教学进度。

有时教师提出问题后，会要求学生举手回答。在小学阶段的课堂上，学生举手的现象很是乐观，但是随着学生进入初中，年级越高，主动举手回答的学生就越少，以至于在一些高中学校的课堂上，我们看不到一个学生举手发言。于是，我们经常会发现教师直接点名发言，或干脆自问自答。发生这种现象的原因，在于教师并非真心想启发学生深度思考，提问只是他教学流程中的一个环节。

还有一种现象，就是教师潜意识下的举动能让学生感知到答案的正误。比如老师每每遇到学生回答得不正确时，潜意识下就会问："还有别的答案吗？""你敢肯定吗？"学生就会感知到答案是错误的。比如当学生回答错误时，老师便眉头紧蹙，摇头，一脸严肃的样子；若有学生说出老师想要的答案，老师便立马将它板书在黑板上。这些潜意识下的举动也不是为了启发学生思考，而是为了得到一个早已预设好的正确答案。

教师并不是真心实意地想得到学生的精准信息，并基于问题暴露和学情状况来运行教学。回到之前的教师提问，抛开教师单方面的因素，进一步分析学生的表现，就会发现即使学生认为老师问这个问题是认真的，多数人也都不愿意打断全班同学说"不明白"；即便当时他们知道有的地方没听懂，多数人也不太可能当众质疑，而原因或是为了不丢面子，或是避免尴尬，或是担心损害集体利益。

更深层次、更重要的问题是，面对教师的这种似是而非的提问，部分学生往往不懂却自以为懂了；部分学生感觉问题模棱两可，不知如何应答更好。如果教师的问题不是指示性的，比如指向明确的问题或指向明确的学生，学生就无法注意到自己应该掌握的内容。因此，他们不仅会给出欠真实的、非正面的回答，还会自以为是，这就是典型的"滥竽充数"的案例。当学生看清了教师提问的本质无非是走过场而已，时间久了他们就不想再迎合老师了，这也是课堂上举手者很少的原因。

好的课堂应该追求让每个学生都有充分表达自己的思想、观点的机会，这就需要转变传统的师生单一对话模式，形成生生对话、组组对话、师生对话多维度的立体对话交流方式；同时，还要形成课堂容错氛围，鼓励学生大胆表达，消除他们的害怕心理。

教师应该经常反思这个问题：你教过了，学生就会了吗？不应该把学生出错、不积极回答提问等问题全部归责给学生，要多想一想自己的课堂教学方式是不是有效。其实，学习金字塔理论[①]早就揭开了这个秘密：听讲模式，两周以后信息留存率为 5%；而教授给他人或立即运用，两周以后信息留存率为 90%。

学习金字塔

讲过了，只表明老师教的任务完成了，而学生学的任务并不一定真正完成了。教师要经常提醒自己：是自己教过了，还是让学生自己学过了？当这个问

① 该理论来源于美国缅因州的国家训练实验室研究成果，最早由美国学习专家爱德加·戴尔（1900–1985）于 1946 年发现并提出。

题成为教师的教学观后，相信教师的教学行为会跟着转变，他们会学会摒弃学生的自我汇报式提问方式，让学生在问题中高效学习，用客观、精准的反馈评价方式代替低效的程序化问题。

记得在一场课堂展示会结束后，我现场采访了初二学生张淼，她说出了学生在课堂上的真实需求与感受："老师跟同学之间也可以有更好的交流，在课堂上老师给了我们更好的展现机会，让我们把自己内心真实的一面展现了出来。"

说得多好啊！这不就是课堂所追求的最本质的目标吗？不管是目标的确定，还是学习方式的选择、反馈评价的对应、问题任务的挖掘、活动规则的运行，还是诸如预习、复习、作业、考试等有关学生学习的内容，如果都能让学生有机会展现自己内心真实的一面，学生怎会不爱课堂、不想学习？在这样的课堂情境里，真实的对话出现了，有深度、有意义的学习就会发生。

要在课堂上充分激发和利用学生思维的碰撞，引导学生归纳、概括、生成概念并应用概念，一个眼神、一个手势都能调动学生的学习积极性。要使学生在课堂上流畅地质疑、问难、补充，教师点拨、引导、追问，"到位而不越位"。要引导学生关注现实生活中的经验，将知识与实际生活紧密联系，让学生的学习热情自然爆发。要将文本主问题作为贯穿课堂首尾的问题，激发学生探究的欲望。

其实，我一直认为，课堂里有一个最美丽的场景，那就是教师侧身、躬身、全身地倾听学生的话语。而要倾听最美的语言与声音，老师的课堂用语就需要非常讲究，否则，不会产生倾听的情感环境，不能激发学生的思维，也不能感动学生的内心。

当大家阅读完下面师生课堂对话中教师的语言，再与上文中的现象进行比较，答案定会自知。

你同桌刚才讲了什么？

别人在发言时请不要举手。

跟老师想法不一样的请举手。

你很努力地在想，你正走在思考的路上。

只有一个组的同学举手，说明好多人还没找到，那我们打开文本再读一遍。

孩子，让我们一起思考、讨论好吗？

你也要认真积极地思考，我们很想看到你能解决自己提出的问题。

谁能为他提供一个解决问题的思考方法，为他提供帮助？

看来你对这个问题的思考还不是很成熟，没关系，我建议你的同学给你做个提醒，怎么样？

老师知道你心里已经明白了，但是嘴上还说不出，我把你的意思转述出来，然后请你学说一遍。

课堂上老师总在提问，学生就是不积极主动表现，就是不愿意回答问题，就是不想合作，怎么办？我想，这些问题的根源就在教师的教学观念里，原因自然是教师在做教学设计时，其思维停留在自己要教给学生多少知识、自己要讲多少答案、自己要完成多少任务上，却忽略了学生的真实需求与真实状况，也就是没有将教学建立在课堂是学生的课堂、是学生学的课堂这一观念的基础之上。其课堂行为自然是教师主宰下的表现。这样的课堂，自然会让低效的程序化问题大有市场。

当然，多年的教学方式不好短时间内一一改变，但是，现在的学生与过去的学生不一样了，课程理念和考试改革政策也与过去不同了，甚至周边的环境、社会、世界都变了，家庭教育的方式更与以前大不相同，老师的课堂却没有变，或变化缓慢，这就无法适应当下教育了。

下面我把撰写的关于一个戏剧导演如何指导学生表演的文章分享给大家，也许会给大家带来另一种思维视角，可以用之改善自己的师生互动和提问方式，让课堂更加有效。

"阳明办学"戏剧课程培训继续进行中，我全程跟踪观看，其中有一个目的，是了解导演如何指导演员排戏。

我感触最大的是导演经常说的一句话：毛病需要在舞台上纠正。比如学生刚开始在台上不会走，或紧张，或羞涩，要么眼神飘忽不定，要么往上瞅，要么看着地板，但是经导演一点拨，学生立即改正过来，气质变得好很多，步伐稳定了，眼神专注了，精神自信了。再比如学生在舞台上说话声音很小，导演边用语言引导，边逐渐跑离该生，利用与学生距离的逐渐拉远，引导学生说话的声音逐渐增大。

从中我悟出一个道理：只有在舞台上让学生亲自尝试、行动，才能发现问题，也只有在舞台上才能解决这些问题；但是不能仅仅靠说教，要有指导的方法、工具或支架。尤其让我受益匪浅的是，台下的说教更没有作用。

导演为了引导学生在舞台上瞬间爆发感情，他请这些孩子表演最令各自气愤、无奈和伤心的情景。其中不少孩子表演了自己父母的问题。有的孩子大声喊："每次回家第一句话就是赶快做作业，你不知道我一天在学校也很累吗？而且我还要骑自行车回家。你总是拿我与其他同学比较，就是看不到我的任何优点。我凭什么总是听你的，我不干了！"

虽然是表演，但当我听后，我从孩子们声嘶力竭的喊声中，从他们气愤无奈的情感暴露中，甚至从他们的眼泪中，感到了他们与父母之间的矛盾，他们的反叛与抵抗。

其实更让我有感触的是：父母每天的唠叨又有多少作用呢？没有理

解、策略、技巧和共情的交流是多么的苍白无力。

这又让我想起老师们的日常行为，我发现不少同事总是耗费很多课余时间，苦口婆心地教育学生，指导学生的学业，纠正学生的不良习惯，但不少学生总是屡教不改。

导演工作时使用的技巧就是一种很有效的解决策略，我们应该重视课堂的时间，尽量在课堂里解决一切问题。比如，学生回答问题声音不大，你完全不需要大声告诉他让他大点声，而可以效仿导演，离学生远一点，说“我没听到，再说一遍”，或许学生的声音就会大起来；再比如，学生上课时不习惯认真倾听，但如果当学生回答问题时，老师养成躬身倾听的习惯，再用手或眼神示意其他同学也要认真倾听，时间久了，这个班的学生一定都会养成认真倾听对方说话的习惯。

相较于导演说的在舞台上解决问题，我们在课堂里，却往往听到这样的话：“这个问题留待课下解决。”而课下还会经常听到这句话：“我都讲过多少遍了，你们怎么还不会？”这都是课堂教学程序化造成的后果。课堂里的问题要在课堂里解决，这是一个很重要的教学管理理念。

以学习单为载体的教学评一体化课堂

为落实新课程标准中提出的教学评一体化课堂改革理念，学校引领学科教师精心设计了课堂学习单。为了充分观察和了解每位老师的课堂改进情况，我每天都会走进老师们的课堂。下面是我走进道德与法治老师张静、语文老师刘艳平、物理老师席德利的展示课后所撰写的课堂情境与点评。

张静：情景体验，智慧分享

如果把青春期比作花季，那么青春期的男生和女生就像是一朵朵含苞待放的花朵。本节课，张静将学生分为男生组和女生组进行比赛，将“花朵”作为本节课对学生个人和男女生两组表现的嵌入式评价工具，以现场开展三场男生女生的微型演讲为线索和素材，生生、师生之间共同畅谈青春期的男生女生。

课堂上，张老师首先以脑筋急转弯“请用准确的数字说出我国一共有多少人”创设思维情境，巧妙引入话题——男生和女生，并明确“教学评”一体化学习单上本节课学生要达成的成果目标，以及提示学生及时在学习单上对自己的完成情况做出评价。然后，她依次设计了“男生女生不一样”“男生女生共成长”“致青春——为你写诗”三个主要教学任务。根据授课内容的需要，又在教学过程中依次安排了三组学生进行微型演讲，每组男生女生各一名，演讲内容分别是“介绍自己”“烦恼吐槽”“夸夸自己”。

在“男生女生不一样”任务中，通过第一场“介绍自己”的微型演讲，学生走进“任务一：男生女生不一样”。学生能够举例说明男生女生之间的差异，并概括出这些差异都体现在哪些方面。进而学生随着老师提出的问题“我们应该如何对待男生女生之间的差异”，开展第二场“烦恼吐槽”微型演讲。学生通过聆听第二场演讲内容，思考、回答相应问题，知道并了解“性别刻板印象”这一概念，同时有理有据地分析“性别刻板印象”是好事还是坏事，最终得出关于我们应该如何对待男女生之间的差异的结论。

“男生女生共成长”是本节课的主要任务，本环节主要设计了两个小活动。学生通过聆听第三场“夸夸自己”微型演讲，完成“活动 1：夸夸对方”和“活动 2：组内讨论”。“夸夸对方”采用男女生抢答比赛的方式，计时两分钟，比一比哪组在规定时间内说出的对方的优点更多；“组内讨论”是小组内部分工合作的形式，全组讨论，执笔人记录学业单，分享人班内分享，概括我们应该如何对待男女生的优势和不足，列举生活中男女生能够为对方做的事情。

“致青春——为你写诗”是本节课指向拓展学习边界，创造迁移机会的任务。学生在优美音乐的氛围下，在课前老师下发的致青春的书签上完成“活动 3：请以短诗（一句话）的形式写下你想送给自己和同你一样正处于青春期的男生女生们的青春箴言”，并做班内分享。在整个过程中，学生深刻体会了青春的美好。

最终板书呈现太极图的思维导图形式，借以比喻虽然男生女生不一样，但你中有我我中有你，缺一不可。这有助于学生加强记忆和理解。然后结合本节课的内容，要求学生完成本节课【成果任务：制作个性的青春礼箴言书签】，并布置年级性的【实践任务：以“我是阳光男生 / 女生”为主题，举行演讲比赛】。

整节课上，学生有读、有听、有思、有写、有分享、有概括、有合作……这些学习活动有利于学生表达、思维能力的进一步发展，有助于学生道德与法治学科核心素养的提高。

张静老师的这节展示课，凸显了“凝练优质问题、创设活动任务、形成嵌入式评价”这三个教学设计要素，整堂课由“成果目标、情境导引、思维对话、拓展迁移、知识建构、课程成果”六个流程组成。她充满勇气地探索并落实学校倡导的“全学习”理念下的教学评一体化教学设计思想，真正实现了“以学习者为中心”的课堂教学理念，把学习的权利还给了学生，教师就只是学生学习的帮助者、引领者和鼓舞者。

在精准解读新课程标准和文本的前提下，每一个环节都凝练出了优质问题，且通过创设思维情境，激活学生的好奇心。张静老师注重拓展学科学习的边界，为每位学生创造迁移做事的机会。她善于将一些评价工具嵌入学生学习的全过程，引领学生围绕问题解决、观点展示、自主合作学习等拾级而上。她注重课堂学习作品的开发与运用，让学生都有展示才艺和情感的机会。这正是学科核心素养得以落地的有效实践。

张静老师的课堂教学实践探索不仅很好地落实了学校的办学理念与教学改革要求，更重要的是，她探索出了一条学科“立德树人”的师本化实施经验。

刘艳平：引生入境，享受课堂

如果把一堂课比作一场戏，那么教师就是这场戏的导演，学生们就是戏中的演员。一场戏是否精彩，不仅取决于导演是否能引导得当，还取决于演员们是否能全情投入。本节课上，刘艳平老师通过问题引领、巧妙的活动设计，把学生自然地带入学习的情境之中，学生在轻松、自然的学习氛围中忘我地参与其中。

课堂上，刘老师首先以“回顾学过的课文中的老翁形象，用一两个词概括其特点”创设思维情境，引入正题——《卖炭翁》，并明确“教学评”一体化学习单上本节课学生要达成的成果目标，以及提示学生及时在学习单上对自己的完成情况做出评价。然后，刘老师依次设计了“怎样让朗读充满情感”“文章写了一件什么事”“文章塑造了怎样的形象“文章表达了什么主旨”四个主要教学任务。又在教学过程中根据授课内容的需要，依次安排了“有感情朗读诗文”“互讲故事”“设计、表演对话”等活动。活动时，学生有的是两人一组，你讲我听；有的是四人一组，分工合作。

在“怎样让朗读充满情感”任务中，学生们通过“欣赏名家朗读”，走进“任务一：怎样让朗读充满情感”。在欣赏的过程中，学生们能够感受到名家的朗读节奏鲜明、停连恰当、感情饱满、人物形象突出的优点。学生虽然远远达不到名家的朗读水平，但是通过模仿名家的语气、语调，反复地练读，基本能读准节奏、重音，有一些学生已经能够读出一些情感了。在反复练读中，学生大大提升了对文本的熟悉程度。继而，老师出示没有标点的、竖版的诗文，此时学生几乎可以做到顺畅无误地朗读。学生们展开了一场激烈的朗读挑战赛，热火朝天地读的过程，充分激发了学生们的学习热情，让学习变得不再枯燥。学生们通过听名家朗读、模仿朗读、两人互读、互相评点朗读等活动，知道了要“让朗读有感情”，不仅要做到读准字音、读对停连，还要做到读准重音、读出人物的语气和情感。

“文章写了一件什么事”和“文章塑造了怎样的形象”是本节课的主要任务，这两个环节主要设计了三个小活动。学生通过两人或四人小组合作，完成“活动 1：互讲故事”“活动 2：为图片排序”“活动 3：设计、表演人物对话”。“互讲故事”打破了诗歌学习的常规模式，不再是让学生对照注释机械地翻译诗词的内容，而是采取了两人一组互相讲故事的方式。这个活动之所以要这样设计，是因为它是检查学生对文本熟悉程度最有效的方式；两人一组的安排，又让活动的效率得到大大提升。这还是促进学生合作的较有利的方式。一个人讲的时候，另一个人在认真听，如果讲的人有哪些情节没有说到，听的人会友善地加以补充。这又大大增加了学生合作的愉悦感。总之，这个活动的设计不仅提升了效率，还有效激发了学生的合作探究意识。“为图片排序”是在小组中选择一个代表，让其按故事的发展顺序完成图片排序。活动中，老师出示能够反映课文重要情节的图片，如“伐薪烧炭”“晓驾炭车”“红绫系牛头”等。以上图片并不是按照情节发展的顺序出示的，需要学生进行正确排序。这个活动的设计既巧妙地对上一个活动（互讲故事）的成效进行了检验，又给学生的课堂增加了趣味性。“设计、表演人物对话”是让学生采取小组内分工合作的方式，完成对话的设计、角色的分配和表演以及班内展示，从中揣摩和感受卖炭翁和宫使的形象，最后总结出卖炭翁和宫使的特点。这个活动是本节课的高潮所在。学生以四人为一个小组，组长组织，组员分工合作完成。当每个小组都在集思广益地设计人物对话，想方设法地展现人物特点时，课堂一下就热闹起来了。小组中，学生有的负责写剧本，有的负责设计道具，有的帮助同伴设计人物动作、纠正人物的语气。展示时，每个小组都想第一个冲到台前，把自己的成果展示给老师和同学们。表演时，每个表演者都能做到全情投入。欣赏者认真观看，看到精彩处不时报以热烈的掌声，激动时还忍不住要喝声彩儿。一时间，课堂好像变成了小小的剧场。学生们就在这样欢乐的氛围中，深刻体会到了卖炭翁的苦和宫使的残暴。

“文章表达了什么主旨”是本节课指向了解作者的写作目的、理解作者情感的任务。学生在探知作者的写作背景、了解链接材料的内容后，自然就理解了卖炭翁的苦、宫使的残暴，同时还多了一层对白居易敢为民而歌的敬意。

最终，这节课在学生们饱含深情的读书声中结束了。然后结合本节课的内容，要求学生完成本节课【成果任务：（以组为单位）整理对话设计】，并布置家庭作业【实践任务：展开联想和想象，续写《卖炭翁》】。

整节课上，学生有朗读、有欣赏、有模仿、有思考、有写作、有交流、有合作、有展示……这些学习活动有利于学生表达、思维能力的进一步发展，有助于学生语文学科核心素养的提高。

刘艳平老师的这节语文课是一堂以“学习”为中心，为“学习者”服务的课堂。教师是学生学习的教练，教师设计问题与任务活动，通过一些学习支架与资源，把学习的权利还给了学生。课堂不仅有师生之间的对话，还有生生、组组、生与文本之间的思维对话。于是，课堂中人的交往立体化起来，每个学生都忘我地参与其中，学习的场景热烈而自然。教师在课堂上，不断穿梭流动，参与每个小组的交流，变成学习者的帮助者、促进者。当学生展示自己的成果时，教师又成了欣赏者。学生也参与着自我与相互之间的评价。学生学习、展示、评价的方式丰富多彩，效果明显。

席德利：逆向设计学习目标，教学评一体化运行学习

依据逆向设计学生学习目标的理念，制定学生课堂学习成果指标，这些指标就是这节课预期要取得的学习成果，也就是学生应当知道、理解或能够做的事情。在目标的导引下，席德利老师从学生预习单中的错误入手，预测问题，建立新旧知识和观念的联系，创设情境。通过学生的讲解、质疑和老师评价，通过观看视频“定滑轮拉力大小与方向的关系”引出课题，激发起全体同学的学习兴趣，使每个学生都积极主动地去探索、去学习、去合作。

在思维碰撞的环节，席老师通过凝练优质问题，与学生在实验活动中展开思维对话。问题一：如图改变拉力的方向，力的大小会变化吗？学生在实验的过程中，在嵌入式评价的引领下，将测力计缓慢拉动，并分别改变拉力的方向，然后认真观察、认真记录、综合分析，最后得到结论。所有学生，不但完成了实验，还感觉小有成就，这为问题二的教学打下了基础。问题二：怎样才能测

出动滑轮的机械效率呢？同学们通过讨论、研究设计了测出滑轮机械效率的方法。在评价规则的引领下，每一名学生在实验中都有自己的任务，他们通过小组实验、整理数据并对数据运算进行分析，然后将这些数据汇总到投影上展示，再一次获得了老师和本组同学们的认可。看着同学们脸上的笑容，席老师对下一个环节更有信心了。

在拓展迁移的环节，席老师让学生在做中、错中培养批判性思维能力。问题三：通过数据分析，你能找到提高机械效率的方法吗？席老师采用了小组讨论的方式，让每一个孩子都参与其中。最后学生以小组为单位进行汇报。在汇报中，有一个小组不但通过数据找到了提高滑轮机械效率的方法，而且举一反三，找出了任务之外提高滑轮效率的方法，得到了其他小组的认可，最终被评为最佳小组。

只有想不到，没有做不到。学生在知识构建环节中，将碎片的问题系统化。在这一环节中，同学们更是别具一格，他们画的思维导图，有桥式图、泡泡图、树状图……五花八门，应有尽有。

最后，精心设计问题，回扣目标，反馈评价，检验学生的学习成果。从课代表统计的结果来看，满分的小组有两个，全对的学生人数占比更达到了85%，比预想的高出了 5 个百分点。

席老师的教学设计符合学校正在推行的“全学习”理念下的教学评一体化教学改革模式。他逆向设计学生的学习目标，注重课前学习前测，根据学生的认知水平和已有经验，诊断学生学情，勾连起学生新旧知识和观念的关系。在思维碰撞、拓展迁移两个环节中，均通过凝练优质问题，再设计实验活动，针对活动嵌入规则与评价，让实验任务有序高效地进行。展示实验结论时，教师则耐心地引导学生大胆表达、不断追问，鼓励学生质疑补充，充分体现了实验教学的品质，让学生在做中学、在错中悟，从而使批判性思维得到了很好的训练。席老师注重运用知识建构工具“思维导图”，引导学生进行知识建构与归纳。整堂课一环扣一环，层层递进，构成一个闭环。学生在这种思维场里，围绕问题与任务，有安全感和归属感地展开头脑风暴，轻松地学习、交流、展示、评估。席老师探索出了一种全新的物理学科复习课的模式。

第二辑

走进学校现场

让教师失语的教育现场

与不少教育同仁回忆自己学生时代的课堂情境时，脑海中总也挥之不去的是教师的浓浓情感、诙谐话语和多才多艺。比如初中时代的一位语文老师，他能在讲课讲到兴奋处时清唱一段京剧——《沙家浜》，他会即兴打起太极拳来，他的乒乓球、象棋等样样拿得起来；高中的一位政治老师，他的毛体书法特棒，他还会组织大家与当地军队一起搞联欢，鼓励学生根据社会形势撰写时政小论文；一位班主任有时与我们一起带上锅碗瓢盆，去河边树林里野炊，他还与学生一起越野长跑、一起打球歌唱。记得那时，教师的教学风格千姿百态，教师们也能放得开，在自己的教室内外，按照自己的教育理想与思考，进行着大胆的教育与教学改革实践。

我怀念那些不唯教材、不拿课本就能侃侃而谈，整堂课上妙趣横生的教师；怀念那些与我们在课间一起共享生活的喜怒哀乐的教师；怀念那些多才多艺、影响我们生命走向的教师；怀念那些精心研究问题、筛选习题，认真批阅，尊重学生劳动成果的教师……

其实，我怀念的那些教师，就是今天新课程改革理念下人们所期待的教师，他们的思考与行为就是基于课程标准的试验与实践。从他们身上，我们能感受到，每一位教师就是一门课程，他们都身怀丰富而独特的课程资源。

但是现在，无休止的加班加点、被训练题塞得满满的课堂，让教师没有了时间和勇气思考课程资源的开发与课堂改革创新、自身的专业成长与人文素养提升。他们追求的是学生的分数和自己的教学成绩，离真正的教育渐行渐远。在这种教育情境下，时间已经成了提升教育质量的主要工具，思想、价值、效率、资源、文化等这些影响教育质量和内涵发展的重要元素被忽略了。教师都变成了被动运作的“教育机器”，缺乏自己的思想、个性和独立人格，他们消费的是一些“专家”的理论、校长的智慧、现成教材的内容，甚至是各级教育行政部门的文件。教师成了一群可怜的教育失语者。当所有教师都像没有思想和表达的绵羊一样，依靠一个牧羊人手中鞭子的指挥谋生的时候，这样的教育现场是多么令人可怕。

可喜的是，现在我们的教育开始觉醒了，规范办学、课程改革、教学创新等一系列行动萌发了。为了推动这些行动的快速传播与发展，与之相应的各类现场会纷纷登场。在心情为之一振后，经过理性地分析判断，在这些所谓展示经验成果的现场会上，我仍然发现了一些让教师失语的无奈现象。

最近参加了三次教育改革与创新现场会，我发现了三种现象，同时引发了自己的思考。第一场是学校展示课程改革成果的现场会。那天学校展示了各种校本课程不下五十种，可谓琳琅满目、精彩纷呈，并且还有教师社团的精彩表演，如跑步、做广播体操和合唱。与会代表都深受震撼。这是一所农村学校，能取得这样的成绩的确令人赞叹，值得学习。在赞许和肯定声中，我却有如下思考：这些课程是否与学校的育人目标和核心价值观相匹配？这么多的课程能否成为学校教育的常态？这些课程是在学校自由研究状态下自下而上生成的，还是校长模仿理念的自上而下的产物？其实我想表达的真意就是这种现象是教师真正理解课程改革的自觉之举，还是学校行政推行的产物？是充分尊重教师话语权的课程，还是人为累加的外在力量的课程？我不知道这些课程在更换校长之后能否仍然成为学校的常态文化现象。课程开发热背后的实质，或者说今后会出现什么样的教育，这是我所深思和期待的。教师失语的课程改革、无法形成学校传统文化自觉的课程改革，终究是缺乏生命力的。

第二场现场会给我印象最深的是我所参观学习的高档和独特的课程资源。有一所学校有一个类似博物馆的课程资源室，里面甚至陈列着一些古代的文物，可谓价值连城。有一所学校建立了无土栽培实验室。这三所学校的走廊里、功能室里都陈列着或是悬挂着许多高档的书画作品。学校的文化档次和品位很高，大家在参观后，都感觉自己的学校无法企及。但是我想关注的是这些华丽的学校里教师原生态的课堂生活，那里才有老师真实的声音、先进的思想，可惜我们没有机会走进课堂。记得有个记者曾经想到我校采访，我说我们只是一所农村学校，没什么可看的。他说："我们又不是去看高楼大厦。"这句话让我感动了许久。我认为，我考察的只是一些被当下理念包装的豪华建筑和装饰，没有走进这些学校与众不同的生活和思想，没有感受到属于这些学校的一个个生命的现场和故事，就不能触摸到这些学校的传统的文化、道德与精神。

第三场现场会上，有一位专家的一句话给我很大的启发。他说："越走进教育的现场，教育越有效。"实际上这就是说，我们不能只是跟着理念跑，跟着一些人跑，要有自己的表达，要身临教育的境况。这次我没有随着学校解说员牵引的路线来观察学校，那些展板、那些表述，都是精心加工润色过的，不免有为了文本和体系而加以修饰的嫌疑，对此我是不会感兴趣的。我感兴趣的是教师的课堂，是课堂里那些鲜活的生命与问题。暂且不说主办方推行的课堂模式和理念，也不说讲课教师的素质与表现，单从学生课堂的不主动表达与从整个地区选拔优秀教师到一所学校授课展示改革成果这一现象看，我就产生了怀疑。真实的课堂应是一所学校自己的教师和学生的展现，它不怕问题被发现，它应该是学校教育与教学改革原生态成果的展示，是改革过程的释放。为了现场会的漂亮完美而让一些作为学校主人的教师隐藏起来，让他们本该有的展现机会被剥夺，这本身就是教育的一种浮躁与虚假，这不是在做教育，这不是为了师生未来生命的教育。一部分教师的失语，呈现的是教育的愚昧与无奈，是教育的沉沦与可笑。即使是被选拔的教师当时的话语，也是一种被动的表达，而不是来自自己心灵的充满勇气和智慧的声音，它成为一种被别人拿来献给观众品头论足的试验品。虚假的声音同样是教师失语的教育现场，是一些教育功利者的傀儡。

让教师个体失语的教育现场可能还会延续一段时期，因为这种流行的信念或者说是意义追求，是一种潮流，它现在的力量还很强大，强大到让如此多的老师都变得沉默了。

敬借董洪亮老师的观点，作为我结束本文的理性梳理："教育是一个话语的过程，是一个话语的世界。但是当下这个话语世界充满了太多'归于沉默的声音、广泛传播的声音，也不乏古往今来被视为经典的声音'，它们形成了一座巨大的漂浮在海上的冰山。当我们在不假思索地称颂着经典的声音、权威的声音，为那些精彩的声音痴迷地呐喊的时候，我们却不能看到冰山的海面以下部分，我们不能听到所有声音。一些声音确实会在事实上掩盖另一些声音，但是这种掩盖没有经过思想的论证，如果我们听不到教育世界的全部声音，结果是我们不能真正地理解这个世界。"①

以当下的课程改革为例。改革开始后不久，老师们普遍出现了失语现象，不知道课该怎么上，上了课之后不知道对自己的课如何说。这种普遍失语的现象之所以产生，正是因为改革的外在强力特征和思想之外的力量造成了个体话语行为的忧郁甚至中断。改革者为老师们提出了具有强烈色彩的新理念、新要求、新规范、新方法，但是老师们无法为自己的行为提供属于自己的理由，也无法从自己的理由出发自主地采用某些教学行为与教学手段。他们不能自主地

① 董洪亮《教学解释——一般问题的初步探讨》，教育科学出版社 2010 年 1 月出版。

完成原本属于自己的言与行。教学的技艺因素与意义因素被分开了。他们不得不等待他人为自己完成解释。这种等待，这种外在强力作用就不可避免地造成了普遍失语现象。

上述三种形式的现场会，自然也会造成整个教育失语的现象。因此，我们必须把教育世界和生活归还给他们的主人，由每一个个体完成教育的话语解释行为。要不断关注和善待教育世界中所有人的那些原初的问题，切记不能用一些形式化的场面掩盖常态的真实问题。只有这些原初的问题显现出来，并被表达和解决，我们的教育世界才会真正热闹起来，那将是一个百花齐放、百家争鸣的美好世界。

还学与生，还生与人

三年前，我随利津县教育局组织的学习小班化教学经验的考察团，来到了大连市西岗区。我们四天一共考察参观了七所学校——三所初中、三所小学、一所高中，几天的学习让我感触颇深。

我对这几所学校的整体感知是：按照全区区域性的整体改革项目与要求，每所学校所秉承的办学理念基本一致，但每所学校又都有自己的个性与特色，都有自己独特的教育产品，从而形成了属于自己的品牌与文化。可以说，西岗区全区整体推动小班化教学，给该区教育带来了意想不到的生机与效益。

最让我感到有收获的地方有三点：一是每所学校都生成了自己的学校文化，有自己的顶层设计，用办学理念统摄学校的课堂、课程、教师发展、学生成长与家长行为等，且鲜明独到；二是每所学校都在“还学与生，还生与人”这一先进、科学的教育思想下积极构建“学习者”的课堂，创造“育人为本、全面发展、个性张扬”的多元化校本课程；三是学校文化实现了动态化，在学校的角角落落，都展示和表现着学校方方面面的管理模式与生活方式。在这里你会发现，学校良好的文化元素在学校成员创造性地、有效地运作下，已经形成了强大的文化力，真正使文化成为展示学校独特形态、凝聚学校成员心志、推动学校长足发展的有效手段。

一、让常规文化绽放校园

走进每一所学校，这所学校的办学理念与精神便一下子扑入眼帘。首先让我感触最深的是学校的各项常规管理都可视化，管理的思想、流程与成果都一一绽放在学校的走廊、大厅、教室里等，甚至一些角角落落也不乏管理的痕迹。这些管理杰作，有学校整体的，有教师团队的，有学生团队的，也有家长的。比如 71 中的试卷夹整理、晨测三部曲、优秀作业展评、限时小白板、现场督察工作、团队行动展示、各处室工作计划黑板报等，彰显了该校追求精细化、过程化管理的特色。34 中的人人参与的大课间、学生表达班级文化、成绩通报会、教案学案传承、学生成果展示、两支红笔进课堂、知识排查表、学区团队精神评比等，无不显示着该校全覆盖、逐点透析式管理的思想。

在此，重点介绍一下大连市实验小学的学校文化。

走进大连市实验小学，干净整洁是校园给人的第一印象。走进教学楼，浓浓的历史和文化气息迎面而来。走廊内处处充满文化气息，特色主题长廊充分发挥着德育功能。实验小学为学生设置了六大特色长廊，并根据每个年级学生的特点，让每面墙说不同的话，从而达到潜移默化地实施德育的目的。“百年实小”长廊，让每一个到实验小学读书的学生都能够了解学校发展的历程，以自己是实小的学生为荣；童话长廊，让学生随时随地从故事中感悟做人的基本道理；科技长廊，从人类生活的地球说起，谈到对外星文明的探索，指引着学生走向更广阔的科学世界；读书长廊，成了中年级学生遨游书海的指路明灯；艺术长廊，专为展示美术作品设置，弘扬了中国悠久的书法文化；爱国主义教育长廊，概括了中华五千年光辉灿烂的文明和近代中国的革命史，让学生从小树立“为中华之崛起而读书”的志向。

其中读书长廊和艺术长廊给我的印象最深。读书长廊的面积大约有一个普通教室大，分童话世界、小人王国、走进名著、人生感悟和科学探索五类安置了开放式书架，并设有桌椅供学生课间随时阅读。艺术长廊里尽显民间艺术魅力，除了少数教师的作品，大多是学生的作品，如麦秸画、布艺、剪纸、纸浆画……让人不禁拍手叫好。

从走廊到教室，学校的每一个角落都体现了老师和学校的良苦用心。“比较陡，请慢走”“轻轻伸伸你的手，美好公德留身后”等温馨提示语，每一间教室里绑窗帘的挂饰，灯开关的底座，窗台上摆放的花，等等，处处都透着灵气。教室布置得简单而又颇具特色。各班教室的门上都贴着自己设计的全家福、奋斗目标、座右铭、中队标志及含义（如“向日葵中队”“墨香中队”“扬帆中队”“风帆中队”）。教室内除了图书角、评比栏，没有额外繁多的教室文化，整个教室看上去简洁大方。置身这样的环境中，怎能不让人情不自禁产生想读书的感觉？

班级文化中有：

1. 静态文化：（1）班纪、班风；（2）激励卡（桌子左上角）；（3）班级“心愿树”；（4）艺术作品展示区；（5）读书角。

2. 动态文化：（1）课堂文化：我思考、我收获、我快乐。（2）捐一本看四十本的图书漂流活动。（3）你追我赶：四人小组互助制，小组之间竞赛制。（4）记下奉献事，体验快乐感。（5）每日五问：我积极思考了吗？我心存感恩了吗？我进步了吗？我诚信了吗？我奉献了吗？（6）德育量化积分：量化评比礼仪、学习、出勤、守纪、卫生、值周、艺体、创新等。

这些无不让人感受到小班管理中的关注每一个学生。

二、处处彰显校园生活力

在教育科学领域中，首倡“生活力”者应该是陶行知先生，他在 1926 年乡村学校教职员第一次联合研究会上，就提出：“生活是教育的中心。”“教育应当培植生活力，使学生向上长。”在他眼中，生活力就是“战胜实际的困难，解决实际的问题，生实际的利，格实际的物，爱实际的人，求实际的衣、食、住、行，回溯实际的既往，改造实际的现在，探测实际的未来”的能力。

教育家陶行知的思想，我在这几所学校里都看到了它的行迹。校园生活力其实是教育联结现实生活的能力。这种联结既指校园回归生活、表现生活、创造生活和享受生活的能力，也指校园回归生活、表现生活、创造生活和享受生活的实际程度和水平。前者是应然意义上、不断成长中的校园生活力，后者是实然意义上、可操作、可评价的校园生活力。

在每一所学校，我都看到了全人的生活。每所学校都非常注意学生在德智体美劳等方面的全面发展，还非常关注天性、人性和个性的和谐发展。我看到了全校的生活。他们都兼顾到学校的每一群落和每一个角落，为学生的成长营造了良好的空间。我还看到了全天的生活。每所学校都兼顾到学生全天候的衣食住行学，培养学生良好的学习习惯和生活规律。这样，就在每一个学生的成长过程中打下鲜明而美好的教育印记。这个印记是学生即便忘记了课堂里所学的一切也不能忘怀的东西。

比如大连八中，在每一层楼上，都悬挂着历届学子的毕业照，这不仅表达着学校的发展历史，更表达着不同发展时期的校园生活。大同中学大厅处的一首歌曲，更是将该校学生的校园生活特色与内涵诠释得淋漓尽致。71 中的教学与教研文化生活，凸显了该校校长的专业领导力与学校管理生活的坚守与精细。37 中的初一精神——持恒，初二精神——习惯，初三精神——超越，无不显示着“卓然独立、越而胜己”的学校精神。17 中的“自由寂寞”精神，则体现了该校静能生慧、动能养才的气概与坚守，它的校园生活力直指学生的能力与品质。这些生成的校园生活力是维系校园良好伦理的纽带，也是走向良好教育生态的桥梁。它让学校的思想得到了自由的放飞，从而让学校的课程、课堂、师生等都充满了生机与活力。

三、差异性教学为学生提供了适性的发展机会

几天的学习下来，我明显体会到了小班化教学的真谛——实际上就是以差异教学为每个学生提供适性的教育。

首先，小班化教学方式的变革是教师的差异教学。所谓差异教学，就是指在班级教学中，照顾和有效利用学生的差异，在教学指导思想、目标、内容、方法策略、过程、评价等方面全方位实施有“差异”的教学，从而促进学生在原有基础上得到充分发展。这七所学校的构建“学习者”的课堂就充分证明了这些原则。从课堂上，我看到了如下几个特点：适当的期望，以学生为中心，适当的评量，弹性的分组。

在教学中，教师应对学生有适当的期望，不断地提高期望的水平，让学生可以和自己潜在的能力竞争，让他们去摘跳一跳就能摘到的桃子。另外，当提高对学生的期望时，也要提供足够的支持让学生能够达到目标，比如，帮助学生建立良好的自信心，解决他们在探索知识以及心理发展过程中遇到的困难。

课程对学生而言必须是有意义的、有趣的，只有当学生能发现课程的迷人之处时，学习经验才是有效的。所以，教师差异教学当以学生为中心，开发一些适合学生的特色课程。

教师差异教学还需要有适当的评量。教学可以从很多方面看到学生的需求，包括与学生的谈话、课堂讨论、对学生的工作观察或是正式的评量。教师必须透过多样化的方式，评估学生发展的层次、兴趣和学习方式，才能掌握学生的起点行为，设计适合学生的课程。

学生们在学习时，当全班都做同样的活动或分享讨论时，他们可以建立通识的知识，得到沟通的感觉，而一些特别的小组或个人学习，也能让学生得到

不同的学习经验，所以差异性教学强调弹性的分组。

我还发现这些学校的老师在课堂上都自觉不自觉地运用了以下原则：对不同的学生，提出不同的要求和采取不同的方法；让不同的学生选学不同的课程；用不同的教学组织方式，来满足不同学生的需求。教学中，教师根据学生的学习程度，提供不同的学习单给他们练习，不再只依靠传统的测验卷。老师从教科书的制约里走出来，从学生的发问中，去了解自己要给他们什么。针对学生不同的需求设计课程教学，以发展学生的潜能。好的评量应重视学生对知识深度的了解，而非信息、知识的储存量。评量的方式除了有传统的标准测验，还应该包括大量的实做分享、专题报告、小组合作、项目成果分享等，从而确认他的优点和弱点，建议他如何改进。这些都跟排名无关。

最后，我有一点体会与大家共勉：任何一个地区都有成绩好的学生，也有成绩不好的学生，因此才需要好的老师协助这些不同的学生都攀登上学习之峰；每位老师就是上帝的一只手，都拥有这样伟大的力量！每位老师都要发挥这样的力量，为我们的学生提供适性的发展机会，还学与生，还生与人，真正做到幸福每一个，成功每一个。

释放农村薄弱学校办学的内生活力

2011 年 3 月，张盛福被调往山东省东营市垦利区一所最偏远的农村学校——黄河口中学任校长。该校地处黄河入海口处。他在这里一干就是 8 年，亲历了这所农村学校的快速发展：宽敞漂亮的教学楼、标准崭新的塑胶操场、功能设施齐全的各种专用教室等相继建起来，师生的工作、学习环境得到极大改善。除去美丽的黄河口湿地之外，学校也成了这个偏僻地方的一道风景线。

但是他越来越感觉到，一些意想不到的困境正悄然逼近农村教育。大量农村人口迁移到城区居住，子女也随迁到城区学校就读，农村学校学生数量大幅减少。2011 年他刚到黄河口中学工作时，在校学生有 1300 余人，截至目前已缩减到 600 余人。多数人普遍认为，学生数量减少了，便于学校管理。但实际情况是随着学生数量的大幅减少，在校学生的生源质量大幅下滑，教育难度不仅没减小反而加大了。

主要原因是没有离开农村的孩子，其家长文化水平总体偏低，加上有些家长为了生计每天还要起早贪黑去劳作，有的外出打工常年见不到孩子，因此这些农村孩子的家庭教育是缺失的。

在这种背景下，辛勤地付出却很难得到令人喜悦的成绩回报，导致教师工作积极性受到严重挫伤，各种抱怨声此起彼伏。有的骨干教师甚至想办法离开这所学校，年轻教师更不愿意在这里长期工作，教师流失现象也出现了。更为关键的是，学校始终无法找到突破教育困境的有效途径。

“不能让农村孩子丧失享受优质教育的权利”，教育使命感促使张校长进行了大胆的教育探索与尝试。8 年的实践探索使他切实感受到，只要精神不倒，只要选对了路子，农村教育也可以开出特色之花，大放异彩。

一、从“痛点”出发，坚持办好一件事

2015 年 10 月，该校 600 多名学生参加了山东省东营市运动会开幕式团体表演，节目是“绳之舞”。这是该校融汇黄河与海洋的元素，在学习他人经验的基础上自主创编的，由以“源头活水”“平沙漫步”“惊涛拍岸”“激流勇进”“气壮山河”“河出伏流”“静水深流”“黄河入海”为主题的 8 个乐章组成。这个节目融合了音乐、舞蹈、体操、田径等多种元素。独特的音乐、娴熟的绳技、精彩的编排、高难度的动作，一下子震惊四座。

开幕式一结束，学校教师沸腾了，不少教师走进张校长的办公室激动地说：“张校长，我们的孩子们跳得太好了，太震撼了，真的没想到！”“张校长，我们的学生在跳绳时，我简直像在做梦，这是我们黄河口的学生吗？”

记得张校长刚到黄河口中学时，除优秀教师和学生流失的问题外，学校还面临一个更棘手的问题：因为学校上下齐抓所谓的“教学成绩”，体育课被缩减到每周一节，包括音乐课和美术课，临近考试还会都被考试科目所挤占。学生长期缺乏运动，不仅体质差，课堂学习精力分散，而且消极情绪不能得到有效释放，导致打架、厌学等现象严重。

找一个突破口，率先实现突破发展，有效解决以上问题并把全体师生的精气神提起来，这件事迫在眉睫。经综合“会诊”，学校提出“体育强校”的发

展战略，首先从体育入手，引入花样跳绳，凝心聚力优先发展。没想到，花样跳绳刚进入实施阶段就遭到了学科教师的强烈反对：“不抓成绩抓体育，跳跳绳能把成绩搞上去？”体育老师打退堂鼓：“跳绳这么难，就凭我们几个体育老师有能力搞好？”家长抗议，不少家长打电话向班主任反映：“我们的孩子从小没吃过这样的苦，每天拿出一两个小时练跳绳，孩子们累得浑身疼……”更让张校长头疼的是，有些校委会成员思想也动摇了：“跳绳难度这么大，花费时间这么多，若跳绳搞不好，再影响了教学质量，如何向社会交代？”

怎么办？一时骑虎难下。“体育强校”难道有问题吗？跳绳运动花样丰富，伴随着欢快的音乐，又融合了舞蹈、体操等多种学生喜欢的元素，不仅能够强身健体，而且能够开发学生的智力。开弓没有回头箭，必须坚定地走下去！

于是，张校长亲自带领校委会成员和体育老师走进青岛城阳五中考察学习。回到学校，他向全体教师表态：“不干则已，干就干出一番成绩来。我们要用半年时间集中全校力量先办好这一件事，如果这一件事都办不好，其他事更办不好。”

为打赢这场攻坚战，该校采取了三项举措：一是成立跳绳技术攻坚团队，专门负责技术开发和指导；二是选取少量精干教师成立跳绳管理团队，负责学生的日常管理；三是保障时间，每天上午、下午各拿出半小时以上的时间集中培训。此后，相关教师各司其职、各负其责，有序开始训练。

功夫不负有心人。当年该校就承办了全区的阳光大课间现场观摩会。接下来，该校花样跳绳的团体成绩和个人成绩不断传来喜报。2015年阳光大课间跳绳获全国第一名；2016年跳绳精英队在全国跳绳联赛总决赛中取得3个第一名、3个第二名；2017年全体学生参加了东营市第七届残运会开幕式团体跳绳表演；2018年参加全国跳绳联赛，在河北固安分站取得9个第一名、7个第二名。

花样跳绳课程取得了巨大成功，张校长欣喜地发现，全体师生压抑已久的自卑、无奈的消极情绪得到释放，老师们走路时似乎脚步都变得轻快了，腰板直了，头也抬起来了。这种精神状态的脱胎换骨使张校长惊喜地意识到，学校大发展的机遇已经来临。

学校顺势继续推进“体育强校”战略，根据体育教师的专业特长，开设了更多诸如足球、篮球、乒乓球、排球、武术等体育类课程，还利用购买服务的方式，为学生开设了龙鼓、落子、射箭、舞龙等具有传统文化特色的社团课程。同时，要求每天必须坚持一个小时的大课间活动，体育课必须每周开齐3节课，即使在期末考试前一天，也不允许将体育课“送”给学科教师进行考试复习。

不少到学校参观考察的教育同仁对张校长说：“张校长，你们学校的学生没有一个胖子，戴近视眼镜的学生很少。”让人感到惊奇的是，学校的教学质量不降反升。这种发展的力量源于教师“自信”的生成。而这种“自信”，得益于坚持办好一件事情，而且办得比城里学校还要好。

二、打破固化思维，为教师设计清晰的成长路线图

2018年1月，中共中央、国务院印发的《关于全面深化新时代教师队伍建设改革的意见》提出要“造就党和人民满意的高素质专业化创新型教师队伍”。那么，在农村学校如何造就这样一支队伍？农村教师个体的成长又有哪些规律可循？

该校广大教师因跳绳课程的成功实施，树立起了自信心，有了干事创业的精气神。但是，他们的专业成长受固化思维的影响，总是按照积累多年的陈旧思想和做法习惯性地往前走，教师被动成长甚至停滞成长的问题比较突出。究其原因，是学校不能为教师成长设计清晰的、可操作的路线图。

在与教师们交流成长问题时，张校长说：“教师作为心智比较成熟的独立个体，是自我教育者。教师的教育梦想和情怀，教师的那份童心以及对教书育人的执着与坚守，这种源自内在的力量是教师发展的根本动力，是任何外力都

无法取代的。”

几年来，学校本着“相信教师、发现教师、解放教师和依靠教师”的原则，根据学校教师队伍建设的实际，逐步探索出了一条适合该校教师成长的“路线图”。

一是读书。农村学校的教师普遍存在不爱读书的问题。由于读书少，知识面狭窄，思想保守，他们不能将一些与学生生活和未来世界相联系的课程资源巧妙整合在教学设计中，因此只能“教死书、死教书”。

对教师而言，读书首先是自己生命成长的一种积累和完善，是对自己精神世界的修补与重建，更是一种很好的备课方式。为推动读书工程，校长带头读书，并向全体教师公开承诺：开会讲话不讲空话、套话，努力做到旁征博引，注重用案例、事实、故事来说理。学校建议由教研组长担任“领读者”，每个教研组可以共读一本书，也可以分工阅读一本书，还可以由一位教师先把自己读书的过程用手机录音，然后发至微信群供其他教师听读。

二是写作。教师要教书，要读书，更要写作，哪怕读者只有自己一个人也要写。除了鼓励教师每读完一本书都要写一篇读书心得，张校长还鼓励教师撰写教学随笔。撰写随笔是最好的教育教学反思行动。反思教学有利于教师从感性认识上升到理性认识；有利于教师开展教学研究，形成自己的教学风格；有利于教师拓宽知识层面，推动教育教学创新，发现适合自己行动的最佳方案。经过几年的坚持，有不少教师把撰写随笔当成了自己的日常生活方式，当成了助推他们成长、改进教育教学策略的有力工具。

三是微课题。过去一些“油水分离”，只有开始，没有过程，却有结论的课题研究，让农村教师不再相信“课题研究真的对教育教学有帮助”。为了打破教师的这种惯性思维，学校提倡做“微课题研究”。

微课题研究是教师的自我研究，其特点可以用“小”“近”“实”“真”“活”来概括。可以从教学过程的一个要素、一个环节、一个章节、一个案例、一个专题、一种现象等入手，简单明了，易于操作。比如该校教师“下课前五分钟的教与学”“学生怎样倾听同学的发言”等课题，都明显体现了微课题研究的特点。微课题研究还原了教师的研究兴趣，打破了教师做研究的神秘感，农村教师也走到了研究这条幸福的道路上来。

四是课程建设。把课程作为教师的一个项目任务，可以驱动教师的自觉，激发教师的潜能。刘新国是一名普普通通的体育教师，学校决定把跳绳课程这一重任交给他。他说：“学校把这么重要的事托付给我，这是对我的信任，我干不好对不起学校。”自从接受任务后，刘新国冬练三九，夏练三伏，由一名门外汉发展成为全国有名的高级跳绳教练员。教师孙琦、张惠惠主动承担了“落子”课程的开发任务，仅用一年时间根据该课程编排的节目就在区、市级舞台上大放光彩，并上了区春节晚会。越来越多的教师开始承担一些课程的开发与实施任务，这样教师在成就自己的同时也成就了学生的全面发展。

五是课例研究。教育部前部长陈宝生说：“课堂是教育的主战场，课堂一端连接学生，一端连接着民族的未来。教育改革只有进入到课堂的层面，才真正进入了深水区。课堂不变，教育就不变，教育不变，学生就不变。课堂是教育发展的核心地带。”

只有课堂生动有趣、有思维品质，让不同层次的学生在课堂上都能参与学习，才能减轻学生的课下负担，才能让他们有时间参与自己喜欢的课程和活动。为此，学校实施“两维度、五板块、三策略”智美课堂教学改革，开展了以“同课异构”为主要方式的课例研究。

在教师与学生的关系上，“智美课堂”强调以生为本，教师则扮演合作者、帮助者的角色。在教与学的关系上，强调学的核心地位，教是为了促进学，教服务于学。在操作上，从“结构”和“策略”两个维度实现转型。智美课堂的结构一般呈现五个环节，即目标定向、自主学习、合作探究、点拨拓展、归纳链接；实施策略则呈现三种方式，即问题导学、互动展示、反馈评价。

另外，学校还为教师设置了“游学 + 分享”的学习模式，努力创造条件让教师走出去参加各种研讨会和现场会，聆听专家和名师的讲座，待教师返校后组织分享沙龙，让老师交流并撰写学习心得体会。

围绕上述成长元素，学校努力为教师的专业成长搭建平台，创造关键条件和关键事件，不断冲破固化思维的藩篱，在教师专业发展道路上放眼未来，发现优秀教师，培养优秀教师，团结优秀教师。学校的优秀教师缺乏且不断流失，而教育教学质量不受影响，其背后的秘密即在此。

三、关注生命成长，做一个有温度的校长

如果教育生态以束缚、控制、监管为特征，习惯以简单的等级评价和物质奖罚为手段，就会把活生生的事业变成毫无生机的活动，势必导致教育教学产生一些不正当的恶性竞争。

学校另辟蹊径，超越了传统习惯性的管理思路，没有把目光聚焦在少数不想干事的人身上，没有纠结于那些在制度底线上徘徊的人，而是去寻找那些感动校园的事，去捕捉那些充满正能量的人，让“多说一些有温度的话，多做一些有温度的事”形成一种常态和习惯。

学校通过树立方方面面的典型，如评选最美读书人、寻找最美乡村教师等等，营造浓厚的氛围，激励教师有价值目标和精神追求。

黄河口中学的发展之所以能从局部发展到全面提升，从一枝独秀到百花盛开，找准突破点、聚焦着力点、集中核心点、培育生长点，这些策略与智慧是关键所在。就像治疗一个病人，只要找准穴位，打通经络，他就会全面贯通，整个人就精神起来了。

目前，黄河口中学围绕“给每个孩子一个希望”的办学目标，以饱满的精神把改革创新拓展到更多领域。办“有质量”的教育，让农村学校的每一个孩子也像城里孩子一样享受优质教育，是黄河口中学人永远的使命与担当。

守护教育的良心

2019 年 7 月 1 日至 3 日，北京市密云区中学校长研究工作室成员七人（包括我），另有河北省张家口市蔚县桃花镇中学校长，一行八人前往浙江省宁波市镇海区立人中学考察学习。

回来已经三天了，一直在构思这次学习的心得体会，因为我不想就此简单地写点文字。我想把真实的感受与所得记录下来，以便于我们八个校长能够有真正的收获，让所学习的成果能够在自己的学校里得到借鉴。

在到达宁波市之前，我就对该校校长厉佳旭慕名已久了。他是浙江省特级教师、正高级教师。其实这些名头并不重要，我们是被他的教育情怀、办学精神与治学修养吸引过去的。

我们在中午十二点多到达镇海区的一个酒店，然后与厉校长联系。他简单的几句话让我肃然起敬：“你们先入住，我现在正在开会，不方便过去，明天早晨我过去接你们。”

第二天早晨八点五十，我们八人早就等在酒店外边的广场上。此时一辆白色小车开过来，里面有人探出头来：“你是李校长吧，我来接你们了，上车吧。”

一路上，我们聊得很轻松。很快，学校到了。

一下车，顿感开朗。大大的校门，方方的广场，大方、自然之气扑面而来。

集体合影后，厉校长把我们引到一块像海上正在航行的船只的巨石前，上面镌刻着“世界因我更美好”七个隽美的红色大字。厉校长如数家珍地与我们说着这块校训石的来历、形状与寓意。

其实，这七个字并不难理解，却凸显了立人中学“立德树人”的真谛：关注每一个人，成全每一个人，只有让自己的世界美好起来，才能影响自己周边的世界，各美其美，美美与共。这句话会时时提醒立人中学的每一个人：只有做最好的自己，才能为他人、为社会、为世界贡献自己的聪明才智，为祖国、为人类谋幸福。同时，它表现出了立人中学“办好人民满意的教育”的雄心壮志，以及对学校教师和学生的美好期待与行为标准要求。它还诠释着立人中学培养“德智体美劳”全面发展的社会主义接班人，重视中学生核心素养的培育，培养教师成为自觉的、学习型的、有教育家精神的大国良师的宗旨。这是办学者的自信与境界啊！

绕到石头后面，我便发现了四个字：守护良心。“致良知，知行合一，教师是做良心买卖的。”这是厉校长挂在嘴边上的话。在此我不想一一具体复述，且跟着我看看校园里的一些景观与发生的故事，你们就能理解这四字校风的内涵与意义了。看厉校长是如何率领全体教职员工来守护教育的良心的。

在体育馆前，有三块展板，分别是银杏之风——慎始敬终，德高望重，要求老年教师讲作风、讲大局、讲垂范；香樟之质——勇挑重担，争创佳绩，要求中年教师比担当、比贡献、比发展；新竹之态——虚心好学，拼搏进取，要求年轻教师爱学生、爱学习、爱学校。往后走右转，教学楼广场前，体育馆后墙上写着学校的办学精神：最宝贵的是生命，最珍贵的是时间，最高贵的是善良，最可贵的是自强。这可谓是对“守护良心”这一校风的基本阐释。

穿过操场，径直走到操场西北角，是一个小花园。园里有亭子，名为“明德”。这样的景观在南方并不稀奇，引起我注意的是对面墙上的两行字，一行是黑色的——高压危险，严禁攀爬；另一行红色的字是——尊法，学法，守法，用法。厉校长说墙那边是高压变电器等设备，学校担心学生不小心或好奇爬过去，于是把这里做成了安全教育基地。

往前走，回头看到西面墙上有两个字“知止”，旁边还有三排字：总有一些事情，永远不要去尝试；总有一些底线，永远不要去触碰；总有一些禁区，永远不要去涉足。旁边通往里面的小门，颜色是黑色的，这也是一种警示。

继续前行，有棵树，旁边有一个木制牌子，上面写着“慈父树”。据说是一名从该校毕业的学生在上海打工，被雷电击死，其家在学校附近，学生的父亲便向学校提出一个请求，想在校园里种一棵树，以后见树如见亲人。这不是件小事情，学校领导班子商议后，决定同意该父亲的请求。从此，这里成了“孝文化”的教育基地。

旁边伸展开来，每棵树下也分别放着一块鹅卵石状的石头，上面镌刻着如“乐助树”“爱生树”“敬业树”等文字，并都签着名字。厉校长介绍，这是一些退休的教师留下的精神，将永远在这里激励一代代的年轻教师，如他们一样爱校如家、爱生如子。这里是师德教育基地。

抬眼望去，在栅栏旁边发现了一口井。我对水井情有独钟，因为小时候，全村的饮水问题全靠一口井，我经常挑着两只桶去井上提水。立人中学将这口井命名为“舜井”。厉校长说，以前因为冲刷厕所用水较多，为了节省经费，想到了挖一口井，现在此井用不着了，但是将它留下来，倒成了一个感恩教育的基地。吃水不忘挖井人，饮水思源，的确如此。

最让我们震撼的是立人中学的厕所。在厕所的外边墙上，写着：这里是每个人最真实的考场——这里优雅的人，一定是真正优雅的人；这里自律的人，一定是真正自律的人；这里美好的人，一定是真正美好的人。厕所的名字叫“雅心阁”，这是校园里最美的空间了。只有心灵最美的人才能走进最美的地方，只有心灵最雅的人才能建设最雅的空间。里面的整个空间，角角落落都很干净，没有任何味道，还略散发出淡淡的自然之香。隔断前、四周台子上、窗台上等地摆满了绿色植物。一些台子上展示着学生的创意作品，也有悬挂的艺术品和中国传统景观摆件。在每一个隔间门旁边，有一个小书架，可以放书，也可以放其他物品。我们赞叹，这比一般的居住的房间还整洁干净、绿色环保、富有书香气息。这是一个文明学习之地，来到这里的人哪能舍得破坏它、弄脏它？更令人赞叹的是，这样管理高水平、高品位的地方，竟然全部是由学生承包打扫的，他们利用课间、课后的时间来完成他们神圣的任务。

我们“恋恋不舍”地离开这五星级酒店般的厕所，走出去，便看到一棵卧倒的柳树，从周边长出了一些新枝。据说这棵树被大风刮倒了，但学校没有把它处理掉，而是把它留下来，并用围栏圈起来。这里变成了生命教育的基地：顽强的事物总是有生命力的，它能在艰难的环境中存活下来。

接下来，我们在厉校长的引领下，参观了该校的几个主题园区景观，如立志园、立身园、立学园、立行园、立新园、立趣园、立功园，还听了一节英语课，均感觉收获很大，得到深深的启发。厉校长不忘学校文化传统，找准学校文化的根与脉，在传承的基础上创新发展、大胆改革，实在令人敬佩。

“这是一个有很多故事可以流传下去的校园。这是一个可以让人停得下来（可以静静发呆，安放灵魂）、想得进去、看得开去的校园。这是一个把教育的目的寄寓于环境中，让一草一木充满明示或暗示的校园。”厉校长如是说。

这所学校还有很多可以学习的地方。厉校长非常赞赏学校的枇杷节。等到学生快毕业参加中考时，他们会亲自采摘已经成熟的枇杷，拿到班里分发给其他同学品尝。这是对即将考试的学子的美好祝愿。

我们亲眼看到并领略了立人中学学生吃午饭的仪式。放学铃声一响，看不到一个学生在校园里乱跑，我们正感到奇怪，却发现一支支甩着双臂、排列整齐的队伍走向餐厅，表情轻松且自然，他们没有感到拘束。走进餐厅后，更让人震惊的是，所有学生都在安安静静地吃饭，没有一个学生随意说话。我发现一个秘密，有的学生早吃完饭了，却没有离开，而是安静地坐在自己的位子上等待。此时，我看到一个学生敲了一下铃，听到铃声后，学生们才一个个安静有序地离开餐厅。餐厅并不大，楼梯并不宽敞，但没有任何拥挤的现象。

厉校长说："好的学校是不是可以这样——学生每天生活在一系列大大小小的仪式之中，他们深刻地领悟到，生命就是一场又一场大大小小的庄严仪式，每一天，每一刻，都需要他们庄重而认真地去面对和应对。"这是厉校长的独特教育思想。我相信，立人中学的校园里会有很多这样庄严的仪式。

立人中学以及厉校长与他的同仁们，还有很多值得我们学习和深度思考的问题和经验，但是遗憾的是，时间太短，我们没有机会去一一体验。

立人中学的"办学定位育人化、价值教育体系化、岗位工作标准化、教师培养个性化、人际关系简单化、教育活动仪式化、学生管理自主化、课程课堂生本化、校园环境故事化"九化教育，不是一次就能领悟参透的，以后有机会我们还要再次前来学习。

热情的立人人礼貌地把我们送出校门，与我们一一握手，大家均感到那份不舍的情感。这份美好的情感是因为同怀教育的良知才碰撞生成的，然后就自然结下了友谊，为今后的互相学习奠定了基础。

这就是“素质教育”

2008 年 4 月，我有幸随着我市优秀校长赴新加坡考察团来到了新加坡。走进学校，不管是小学还是中学，我看到师生们脸上洋溢着自信充实的微笑，到处都能听到彬彬有礼的问候。八九岁的孩子都懂得规范自己的行为，上下楼梯时，他们会自觉排队；候课时，他们会整整齐齐地坐在走廊里；即使在课间加餐时，也听不到孩子们的喧闹……真是一群懂礼貌、守规则的师生，这是我对新加坡教育的第一印象。随着考察的深入，我对新加坡的基础教育有了更加深入的了解，也有了很多意想不到的收获。

一、阳光、开放的办学理念

考察期间，我们首先参观了后港中学。一进入校园，我们便受到了师生们的热情接待。环顾四周，学校的环境让我们耳目一新：学校四周没有院墙，没有大门。这与新加坡是一个严格的法治国家有关，也与他们秉承的办学理念有关——教育应对社会开放。再看教学楼大门口上方，是用英文写的学校办学目标——HEALTHY HAPPY(健康、快乐)。我们不由感叹，多么“阳光”的思想。

我们一一签字为后港中学留下自己的联系方式后，被后港中学的老师引进了三楼的接待室。接待室里布置得虽然简单，但是很温馨，桌子都是圆桌，四周墙上挂着一些学生作品。后港中学的十几个老师早已坐在那里等着我们到来。

后港中学的校徽是一个歪着头的小孩子的标志。该校校长说，这寓意着学生可以有自己的人生观点。校长还告诉我们，学校教育学生的价值观是honest，optimistic，unassuming（诚实、乐观、谦虚）。卢志文在《新加坡教育考察漫谈》一文中说道："新加坡学校的教育是面向全球的，不只是针对本国，到其他国家生存也能行。他们注重培养学生的领袖才能，锻炼学生未来怎么做，让学生有机会跟外面的人、团体接触。这样，学生就能适应世界，适应未来。"

走进依布拉欣小学，我们同样受到了该校校长和老师们的热情接待。校长与我们一起回顾了学校的历史，并解释了学校名称的由来——该校的命名是为了纪念新加坡的开国元勋。校长说，学校的愿景是培育有毅力、品格高尚的人才。"学生都是独特的，我们要为学生将来到社会上生活铺好路。我们的使命是培养他们终身学习的意识和能力。"依布拉欣小学的格言是"自强不息，学习海豚精神，不怕困难"。

依布拉欣小学十分强调课外活动辅助课程，并与家长、社会团体建立伙伴关系。在一间房子里，我们看见两位学生家长正在做手工艺术品。我们问他们："是学校要求你们来的吗？"他们说是自愿的，"为学校做点事情是我们的义务"。原来在新加坡，家长都是自愿到学校做义工的。学生每年也必须参加六天的义工活动，并被记入各自的评价档案。

在学校里我们看到一口水井的模型，上面还有五六只"青蛙"，上面写着"放眼天下，读尽好书"八个字。校长介绍说："国家号召学生要多读书，不要做井底之蛙。"依布拉欣小学十分看重"创意"，重视发挥师生的创造力。在学校的"创意室"里，我们参观了该校学生的各种"创意作品"，了解了学校富有创意的校本课程。在依布拉欣小学评价教师的标准中，学生的成绩只占五分之一，而组织学生开展课外活动是否有创意则是一个重要指标。这给我们的触动很大。

二、多姿多彩的学校活动

在新加坡学习期间，所到之处，我们都感叹于新加坡良好的教育环境、先进的教学设施，感叹他们有一个自信、乐观、向上的教师团队；同时，更为新加坡学校别出心裁的活动设施建设、活动设计所折服。

新加坡寸土寸金，在每一所学校，几乎所有的角落都有学生的活动场所。比如，楼梯口就有画室、雕塑室、阅览室，走廊拐角处就有电脑设计室、舞蹈室……而所谓的“室”，也是只有相应的活动用品，没有安装房门，学生可以随时进来活动。

新加坡的学校活动分为校内活动（亦称课外活动）和社区活动（相当于我国的社会实践活动）。学校的活动教育渗透着国民教育（民族文化教育、爱国教育、爱心教育、责任感教育等）、艺术教育、文学教育、体育以及其他特长培养（如服装设计）等。

新加坡的学校活动，不论课外活动还是社区活动，均体现着新颖、独特、贴近生活的特点，遵循着因材施教、尊重学生个性和发展规律的教育原则。

新加坡是一个多种族国家，华裔、马来族、印度裔、欧亚族和睦相处，互相尊重。这得益于新加坡接受多元文化的社会氛围，更得益于基于此的学校教育。在依布拉欣小学，我们参观了“校内文化之旅”图片展。从图片上可以看到，在中国年、马来年、印度年，学校不仅组织同学、师生间相互拜年，还组织他们走进社区给老年人拜年，并帮助老年人打扫卫生。元宵节，学校组织学生看灯会、猜灯谜。端午节（在新加坡称作稻米节），学校组织学生到学校来包粽子、品粽子。每年 7 月 21 日是新加坡的“种族和谐日”，学校会组织不同种族的学生们相互交流，让“妈妈团”到学校，邀请马来小朋友一起包没有猪油的水饺。那种欢乐的气氛，孩子们一辈子都忘不了。

尽管新加坡是一个多种族国家，但大家在融入新加坡的同时，均能保持各自的文化传统。在新加坡，各学校都很重视开展体现每个种族特点的文化寻根活动。在依布拉欣小学，华裔、印度裔、马来族民俗文化展厅错落有致。在华裔民俗文化展厅，我们看到了陶器、瓷器、罗盘、算盘、古筝等物品，他们搜集的“三书”“六礼”等婚俗，也让我们这些地地道道的中国人倍感新鲜，而这些东西均是学生在老师的指导下，亲自搜集、整理或动手制作的。

为了开展适合不同年龄学生的活动，新加坡的老师们可谓费尽心思。如在小学一年级华裔学生中开展“看中医，学汉语”活动，培养民族感情；对二年级学生进行饮食保健教育，让学生认识各种农作物，了解其生长过程，掌握其保健价值，同时还培养了学生的悯农、惜粮情感；在三、四年级，老师们让学生从网上搜集中草药知识，并组织学生到野外采集中草药，让孩子们在动手实践中既学习到保健知识，也加深对中国文化的了解。

新加坡很多学校的活动十分注重与校本课程开发的密切结合。如为了培育学生的动物保护意识，在依布拉欣小学，他们组织小学二、三年级的孩子们走进动物园，观察动物习性，与饲养员交流，了解各种动物的生活习性；回到学校后，同学们在老师们的帮助下，编成了《动物园的故事》一书在校园内发行。我们看了其中的文章《大象的尾巴咋丢了》《金丝猴的月子》等，这些真实的动物生活故事深深打动了我们。后港中学开展的“学生领袖实习国会议员”活动，新颖独特，成了学校校本课程开发的重要组成部分。与校本课程紧密联系的学生活动还有很多，如让孩子们参与电视剧制作、参与电视剧主题曲创作等。

新加坡学校的课外活动、社区活动不但有趣，还很注重学生的特长培养。课外活动内容名目繁多，有拳击、武术、射击、足球、篮球、网球、象棋、器乐等，学生均可以根据自己的兴趣，参加由学校组织、由本校教师或学校聘请的“外教”执教的课外活动。学校的课外活动也十分注重“学团”建设，永青小学的华乐团，后港中学的龙舟队、舞狮团、学生警察、男女童子军、学生红十字会等都十分活跃，它们积极参加各种社会活动或比赛，获得了许多奖牌、奖杯，展现出了迷人的风采。

短短三天的考察后，我们恋恋不舍地离开了新加坡。我一路在感慨，新加坡的教育给我们当前提倡的素质教育提供了很好的启发和借鉴。虽然我们在短短的时间里无法去感受新加坡教育更多的含义，也无法亲眼看看他们的真实活动，但是，从整个校园文化的建设、课程的开设到校长、教师的教育理念和学术氛围等，都体现了新加坡学校“育人为本，全面发展，面向全球”的育人理念。

愿我们每一个教育工作者，都能从新加坡学校的办学理念和活动教育中获得启发，并立足实际，在提高课堂教学实效的基础上，发挥好课外活动和社会实践活动的作用，开发出更多开放、多元的校本课程，给予学生更多发现知识、接触社会、亲近大自然的机会，努力培养更多身体健康、人格健全、个性张扬、能力突出的合格的社会公民，努力培养更多与全球接轨的社会主义事业的建设者和接班人。

文明，学校文化建设需要追寻的核心概念

北京市育英学校是海淀区一所具有红色历史传统的学校，前身为中共中央直属机关育英小学，1948 年建校于西柏坡，1949 年跟随中央机关迁入北京。“好好学习，好好学习”是毛泽东主席于 1952 年“六一”儿童节为学校题的词，许多党和国家领导人都先后对学校的发展做出过指示，胡耀邦同志为学校题写了校名。

学校包括小学、初中、高中学段，已经发展成为一校多址的集团化学校。学校在“让十二年一贯制的教育为学生撑起更广阔的发展空间，让学生毕业十年或十五年后走得更远”的办学使命的引领下，努力践行“在最美校园，做中国最有价值的教育”的办学追求，培养“行为规范、热爱学习、阳光大气、关心社稷、勇于担当的国家栋梁”，建设一所文明的、让社会尊敬的好学校。“文明”二字渗透在学校的方方面面。

一、文明，在道路中绽放

著名作家刘亮程在其散文《弯曲的乡土路》中有一段话：“乡村的小路是

弯曲的，不像现在的高速公路这样笔直。因为高速公路追求最短的距离、最高的效率，而乡村的小路是人走出来的，人在走的时候会保留自己的一丝敬畏或尊重，如绕过一棵树、一片菜地、一堵墙、一个坟、一弯水坑。高速公路代表了现代人在大地上行动的粗暴和野蛮。弯曲的乡土路是一种行走的文明。”

“弯曲的乡土路”是一种行走的文明，“人走出来的路”是一种行走的精神，而北京市育英学校，校园里的路则别具一番风味，与前两种路的文化存在形式有所区别，它是有风景、有故事的，也是有感情、有温度的。我认为把其定义为“行走中的文明”更加贴切恰当。

学校里有水泥路、石子路、砖瓦路、石板路、泥土路、木质路等多样化的路段，学生从学校不一样的路中感受人生不一样的路的哲学意味。学校既有笔直的大路，有“曲径通幽”的弯弯小道，也有需要跨越一块块石板而过的路，还有缓缓而上的梯形路。有的路在果园农田里，有的路在树林花园里，有的路在山坡上，有的路在水池边，有的路在亭廊广场里。师生行走、徜徉在这样的路上，能感受到浑厚大地的自然温度、校园生活的温馨和谐。

在树林里，春天会欣赏到满树粉红的桃花，夏季会看到挂满枝头的桃子，不禁让人想起“桃李不言，下自成蹊”的诗句，学校的校风“静静挂在枝头的桃子”由此而生成；那片银杏林里的路四通八达，你走在上面，不仅感觉到了银杏树高洁俊逸的品质，还能有幸踩在秋天由银杏叶铺成的金黄地毯上。如果三五成群，你会找到你喜欢的象棋、五子棋、围棋等各种棋桌，两人对弈，同学观阵，正所谓：“楚汉相争传千古，双方博弈不服输。运筹帷幄中军帐，保车护帅谁胜出。”走在学校北边那条长长的木质路上，路的右手边是潺潺小溪，在一排海棠树的下面，自北而南曲曲折折地流淌。五月到了，海棠花瓣落满了小溪，如一条高贵的紫色飘带伸展开，美得令人惊艳的“海棠花溪”如神话般呈现在眼前。往左拐，是学校图书馆思贤楼的后方，这里有个动物园，里面有孩子们每天都喜欢来照顾的小兔子、鸽子、羊驼、火鸡；有一水池，假山上的

“泉水”哗哗地泻进里面，池里的鱼群便热闹了，莲花在涟漪中晃动。信步拾级而上校园的后山，山顶豁然开朗，这里仍然布设了很多的座椅，有鱼形的，有方形的，有圆形的；中间亭子中央，有棋桌、棋盘；山的四周山坡上，是蜡梅丁香、绿松翠竹。

你可以走在葡萄架、紫藤架、凌霄架、蔷薇架下的小路上，随时坐在两边的连椅上，谈天说地，绘画赏花；你可以走进农场的田间小路，去识别孩子们亲自侍弄的庄稼，分享他们劳动时的快乐；你可以走在英雄大路上，回望林则徐、雷锋、杨靖宇、焦裕禄、钱学森、袁隆平等这些中华英雄人物的丰功伟绩、民族气节、爱国情怀；你可以走在书法墙边的小路上，边走边欣赏中国书法的发展史，还有那些古今书法大家的书法艺术作品……在育英学校，这样的场景、这样的地方，真是太多了，每一次行走都不一样，你被变幻无穷的魅力深深地吸引，走过去了，又总是反复体味无法尽情领略的遗憾。

这让我想到了一种教育——休闲教育。新时代的教育应该全面开发学生的情感、智力、审美，培养合作、创新、实践等方面的综合素质。休闲教育有利于实现了解世界、亲近大自然、表达真善美的教育目的，有利于把学生从繁重的课业负担中引到有趣有味有得的课外生活中。育英学校的校园，正是创造了这样一种休闲教育的文化环境。

孩子们在学校学习是“成长”，休闲时间则是另外一个“成长”空间，休闲不仅是休息，也是一种“发展机会”。在育英学校的校园里，孩子们在课堂学习之余，其独立生活能力、交往合作能力、课外阅读水平和各种爱好、特长，都会在休闲时间得到锻炼和培养。这样的校园，使孩子们劳累的身体得到休息，紧张的精神得到松弛，这有利于他们始终保持饱满的精神状态继续学习。

文明行为与精神不是单靠说教就能培养的，需要给它创造空间和机会。比如，育英学校专门为孩子们安排了快乐大午间，让他们自主安排时间、内容和地点。自由支配，这就给孩子们创造了和别人发生直接或间接的关系的机会。

尤其是在这样一个既有小学生、初中生，又有高中生的校园里，说得深刻一点，这种社交也是社会生活的一个组成部分。在没有别人干涉、管束之下进行的活动，最能真实地反映一个人的文明素养水平。快乐大午间是对孩子文明素养水平的一个考验，也是孩子加强文明修养的极好机会。

育英学校这些大小、宽窄、高低、方向不同的路，均指向了大自然，指向了学生的核心素养发展，指向了每一个鲜活的生命，它把日益增多的休闲时间转化为个性化发展的资源，引导学生以闲育德、以闲启智、以闲健体、以闲尚美、以闲悟劳。

这是一个可以“静”下来用心体悟，“慢”下来用脑沉思，“停”下来用情把玩的自然之园、文明之园。这样的路，是实现立德树人目标的教育行走之大道。

二、文明，在“座椅”中滋养

孩子们来学校是为了学习的，这个道理谁都知道。北京市育英学校于会祥校长这样认为:“孩子们也是来生活的，是来寻求伙伴，体验做人的道理的。”

当你走进这所堪称北京市最美的校园，你会发现路边、花园里、树林内、农场边、亭子里、水池边、山顶上、长廊两边、广场里都有不同形式的座椅，甚至在一些路的拐角处，都设计了别致的座椅。我细细数了数，有不下二十种。如果评选校园座椅数量的话，育英学校拿个冠军没问题。有围在圆桌四周舒适的藤椅；有用学校枯死的或修剪下来的树木做成的木质椅，长条的、圆墩形的都有；有石质座椅，也是圆形的、长方形的都有。更让人惊奇的是，一些大树的四周都用木板做成了座椅；在一些园林四周的砖砌矮墙上，也间隔着设计了木质的、可以坐着的位置。校园里为什么放置了这么多且形态各异的座椅呢？这里面是不是有更丰富、更深邃的内在意蕴和用意呢？

一次参加完初二学生的课程展示会，我随着一名男孩子走了出来。突然，我发现男孩子快速走了几步，然后便坐在一棵银杏树下面的座椅上，开始系自己的鞋带。原来他的鞋带散了。

你或许会以为这有什么值得大惊小怪的，我却收获了一个很大的惊喜：银杏树下面的座椅让这个男孩优雅地解决了自己的困境，如果校园没有这样的设施和地方，这个男孩也许就会直接弯腰或者坐在地板上系自己的鞋带了。真是处处为人着想啊！在设计校园文化时，育英学校有一个理念，就是要“为了学生而设计”，因为校园是属于学生的，是为了方便学生的学习与生活而存在的。原先被冬青围绕着的绿化空间全被打开来，变成公园式的灵动的空间。学生可以在这里上课，可以来这里散步，可以坐在这里说些悄悄话。这里面有各种各样的植物，有可供学生发布成果的展示台，有随手可得的书籍。

我们应该时常叩问自己的内心：我们的精神与灵魂是否真实地与学生渴望的样子接轨？我们是否在真实的情境中邀请自己高尚的思想与自己的本性和谐地融入学生的心灵里。

我们是大千世界的一部分，心与心之间有灵犀，物与物之间有相关，但是这个道理容易被人遗忘。我们做教育的人，不能忽略一个问题，那就是在孩子成长的过程中，不能让校园文化与他们内在的天性分离。因为一旦孩子的生命因为功利性的东西而独立于身边他人的生命，与大自然的环境剥离，他们心灵深处的召唤与智慧便会缺少完整性与自觉性。当他们原始的灵魂与外界失去了联系时，教育为人的目的便会被忽略，甚至被掩藏，表面是为了孩子，他们却变成了工具。

育英学校的校园，是一个时时处处尊重人性、激励个性，唤醒礼仪、修炼文明的理想之地，是培养德智体美劳全面发展的育人圣地。从这里走出去的学子，一定是有文明、有教养、有社会责任感的人，他们整个的一生都对自己的母校心怀眷恋，这些他们曾经坐过的、靠过的“自由座椅”会邀请他们随时回来看看，这是他们寻根的地方。

三、文明，是天性的回归

犹如暗夜里的满天繁星必将照亮漫漫长旅，文化，也正是学校要走向哪里的一座精神路标。

具有“文化自觉”的学校，会清楚地知道自己在秉承什么，知道自己想要用一种怎样的理念去贯彻到学校的方方面面，去影响全体师生的生活，它关注的是呼唤教育教学的精神追求，崇尚扎根于心灵深处的对自由、尊严、纯真和诗意的文明祈望与眷注。

一天中午，正是学生们最喜欢的快乐大课间，我吃完午饭在校园里溜达，满眼的风景让我目不暇接：打篮球的，打羽毛球的，打乒乓球的；读书的，下棋的，弹琴的；赏鱼的，玩沙的，聊天的……干什么的都有，这个时间是他们的自由时间。

此时，我看到初中的几个男生每个人手里拿着一个矿泉水瓶子，在树林里翻开石板，寻找着什么。我已经连续好几天都发现这样的情景了。出于好奇，我走过去，问他们：“在干什么啊？”几个男生走近我说：“老师，我们在找虫子。你看，这是蜘蛛，这是蚯蚓，这是蜈蚣，还有，这种虫子像蜗牛，但不是。”我跟他们开玩笑：“你们捉住这些虫子，它们以后吃什么啊？”一个男孩说：“我们喜欢研究昆虫，我们有这方面的书，知道它们吃什么、怎么喂它们。”

我想，在北京市育英学校的校园里，这样的事情是不奇怪的。老师们任由同学们去发现、去探索，让他们的好奇心有更多通道获得满足。男孩子心中天生就有挑战的种子，他们的天性就是调皮捣蛋、充满活力的，比起女孩子，他们更需要户外活动，大自然才是男孩子的家。

这些男孩，如入无人之境，任意在石板下、树根下、墙根下翻腾、挖掘、探寻，但是老师们没有去制止和干涉，而是放任其行为，甚至有意鼓励他们。这是在尊重孩子的自由与兴趣，保护孩子的好奇心与求知欲。可喜的是，这些孩子并没有把这些地方弄得一片狼藉，而是把这些石板、砖瓦等放回原处。他们把这些虫子放进装有黄土的瓶瓶罐罐里，这些虫子俨然成了他们的朋友。

我带着羡慕的心情离开他们，因为我记起了我的童年，在二十世纪七十年代，我的童年生活就是这样的。为了捉一种地下的小虫子，我发明了一个办法：谨慎地抽出嫩草最里面的芯，把它放入很小的、圆圆的虫子窝里，就像在池塘边钓鱼一样，目不转睛地盯着小草叶，一旦小草叶动了，立即用手迅速往上提起，虫子就死死咬着草尖被钓上来了。

美好的童年让我忘记了自己的年龄，我信步走在学校一长廊里，这里有对诗的，有说笑的，也有读书的。此时我听到有个女孩子喊我："老师，你看，我们怎么办？"我转身一看，是两个小学女生，穿着红白相间的校服，手里正小心翼翼地捧着一只不会飞的幼鸟，叫不出名字的鸟。一个女孩子说："老师，我俩发现了这只不会飞的小鸟，就把它捉住了，我们能把它放到学校的鸟笼子里吗？"我说："你们怎么不放了它？"她俩着急地说："不行，小鸟不会飞，怕被野猫吃掉。"其中一个个子稍高的女孩说："我带它回家吧，好好养着它。"我说："可以去找你们的班主任老师商量一下。"这两个女孩说："嗯——嗯！"她们仍然小心翼翼地双手捧着这只幼鸟，走向了班主任老师的办公室。

育英学校的校园里，有一百多种植物，这里也是鸟的天堂。两个女孩子与一只幼鸟的故事，真情演绎了"人之初，性本善"的人性之美。育人之道，在于显明或恢复我们自身本有的光明的性德，在于我们自己和他人都回归到圆满的本性中来。北京市育英学校于会祥校长认为："学生和美好校园环境的互动交流使得学生的成长更具精神品质。"我想，这就是育英学校校园里的孩子天性得以被敬畏、志趣得以发展、文明得以回归的珍贵的思想源泉。

育英学校的校园就像是一方池塘。学校的使命，就是要在池塘里注入一汪适合各种生物生存的净水、活水、深水。“如果你在地里挖一方池塘，很快就会有水鸟、两栖动物及各种鱼类，还有常见的水生植物，如百合等等。你一旦挖好池塘，自然就开始往里面填东西。尽管你也许没有看见种子是如何、何时落到那里的，自然看着它呢……这样种子开始到来了。”在梭罗的笔下，池塘就是种子诞生信仰的地方。

好学校的价值，在于引导和发掘人性之美，让学生知道等待和希望，正如池塘，要为学生创造一个可以自由呼吸、自在生长的文化生态环境，赋予学生赖以生存的阳光、空气和水。这一方蓄满了爱与美、尊重与文明之水的池塘，把生命带向无限的辽阔与高远……

四、文明，是一群理解生命真相的人在燃烧

在校园里徜徉，我看到了太阳照在身上，我感受到阳光的爱，我听到花草树木在跟我窃窃私语。以前，我习惯性地接受它们对我的付出，认为这是理所当然的，而不懂得回馈。这是不对的，花草树木给我们带来了美好的环境，让我们感受到舒适，我们应该好好地去欣赏它们，也给它们一些爱。如今，它们与我们，苍穹与众生，是一体的。

上述心灵的自由表达，是否就算是理解生命的真相了呢？还不够，这不过仅仅是一位五十而知天命的人暂时的灵光乍现吧。在北京市育英学校有一群人，他们才是真正理解生命真相的人，他们每天都在燃烧、发光，他们的精神启迪着这里的所有人：奔向明天的目标，一起创造一所文明的学校。

王晓燕老师，退休后返聘，仍然奋斗在三尺讲台上。我对她的印象有两点：一是特别爱学习，她每天都背诵唐诗宋词，四大名著、《论语》中的名句，她信手拈来；二是特别爱跑步，她每天坚持晨跑一万米。

一天，她邀请我去听她的课，说是要用一种大学教师上课用的教学法：以诗

解诗。这是一节探索课，课堂上，王老师用不同诗人的诗解读教材上陶渊明的诗《饮酒》，那些诗词仿佛是从她的心中流淌出来的，解读行云流水，娓娓道来。

每天下午放学后很久，她还在为学生答疑解惑。看着她每天满脸春风似的笑容，感受她严谨治学、深耕教研、研究真问题的态度，我觉得，我们应该称王晓燕老师一声“大先生”。

《生命的真相》一书的一篇荐文，第一句话提出了一个命题：如何才能过好这一生？该书作者徐秋秋提出人生的三大维度：爱、事业和自我。这三个维度被满足后创造出来就是我们的幸福感、成就感和愉悦感。

爱——爱来自关系的滋养。这也是书中提到的“归属感的需求、秩序感的需求和平衡感的需求”。王晓燕老师做到了，她与那些诗词歌赋的作者、自己单位的同事、自己的学生和亲人们都建立了和谐良好的关系。曾经有一届学生集体签名，为王老师颁发了“全宇宙最优秀教师”的奖牌，这块来自非官方的奖牌是最为珍贵的，这是对王老师爱学生、爱事业的最有意义的回馈。

事业——寻找你的热爱和使命。现实中，很少有人能够在自己年轻时就知道自己想要做什么，想要过什么样的生活，大部分人都被命运推动着往前走，因此如何寻找到工作的意义，是每个人都应该思考的问题。奥地利作家斯蒂芬•茨威格说过一句话：“一个人生命中最大的幸运，莫过于在人生的中途，即在他年富力强的时候发现了自己的使命。”王老师的诗意生活就是她发现的自己的使命，她把干事情作为一场心灵的修行，自己的学养与周边这个世界、与这个世界里的人的需求都建立了息息相关的联系。

自我——学会爱的能力，爱别人更爱自己。我们每个人都渴望被认可、被接纳、被赞美。英国著名作家王尔德曾说：“爱自己，是一场终生恋情的开始。”王老师每天学习的状态，每天跑步的精神，每天认真工作的样子，就是爱自己的表现，她正在与自己谈一场宏大的生命恋爱，她有爱自己的能力，便有了更爱他人的能力。

我所理解的生命的真相，是无论处于人生的哪个阶段，我们仍有重新出发的勇气，去找寻生命的意义。爱、事业和自我是文明的重要内涵，也是诞生文明的重要源泉。如王晓燕老师，她能够在生活的混沌中清醒而自知，穿透那些复杂问题的表层，找到自己突破的方向和成长的力量。

而在育英学校，像王晓燕老师这样的“大先生”还有很多，他们以身作则，为人师表，做学生为学、为事、为人的榜样，成为学生树立理想信念、刻苦学习、奉献祖国的引路人，把学生培养成为德智体美劳全面发展的社会主义建设者和接班人。他们都是理解生命真相的人。

文明，就是一群理解生命真相的人在燃烧。是这群人，他们的光明，他们的热量，铸就了育英这所拥有光荣传统的学校的丰碑！

学校文化建设如何构建？当你走进校园，看到最多的是与学生有关的印记，是为了师生自由、快乐、健康地成长而营造的环境，以及一草一木透出的精神都是围绕“人”而运化，是为了“人”的未来幸福而服务，是为了给党育人、给国育才，为了德智体美劳全面发展，文明，自然就成了一个重要的文化概念，文明之下，一所受人尊重的学校会源远流长，笃定前行。

创生校园生活力，让学校文化力绽放

当走进山东省利津县北宋镇实验学校，参观其环境文化、课堂教学、课程开设、学生活动以及其他能体现学校文化的元素后，我的直接感受是“有秩序、有活力、有效率、有生活、有文化”。这五个词可以说高度概括了该校的文化建设成果与效益，以及其终极目的与意义。

学校文化建设的关键不在于建立健全各种文化形式本身，而在于文化建设所产生的影响和效能，在于努力提升学校文化力，真正使文化成为展示学校独特形态、凝聚学校成员心志、推动学校长足发展的有效手段。所谓学校文化力，是基于学校文化的一种特定的、个性化的人本力量。相对于学校文化来说，学校文化力更具有动态性，它往往通过对学校文化的策划、执行、管理、调控、传播等行为体现出来。一所学校有良好的文化元素，并不等于一定有良好的文化力，而这些文化元素目标只有在学校成员创造性地、有效地运作文化元素，并形成良好的文化力之后才能达成。

北宋镇实验学校自从2008年开始，一直致力于以“减负”为命题的“零”作业下的教学范式改革与实践，目前，已经基本构建起自己独特的实际操作模式与特色。更为可贵的是，由于“零”作业改革与实践，学校文化得以重塑，生成了“零”作业下的改革与创新文化。可以说，这种文化冲破了农村学校长期沉溺于“应试教育”的心理藩篱，破解了农村学校如何实施素质教育的密码，为新课程改革、重塑农村教师职业生命、促进农村学生健康成长、引领农村精神文明建设等开辟了新的路径。

北宋镇实验学校的办学特色是“1+0+0=100”，即“一个文化磁场＋‘零’管理＋‘零’作业＝成人百分百”。学校是文化传播的主阵地，肩负着带动文化大繁荣、大发展的历史使命。对校内而言，学校重视文化氛围的营造，在这里，师生共同营建的勤于读书、乐于学习、善于研究、勇于创新等学习风气，尊重包容、和爱互助、诚信淳朴、明礼有仪等美德风范形成一个强大的磁场，影响着每一个成员。对社会而言，学校犹如一个文化的磁场，以强大的“同化”作用，影响着社会精神文明构建；开放办学，让家长委员会走进校园，让学生社团活动走进社区、村庄，实现学校教育与社会生活的互动促进，实现学校的公共服务职能。对教育而言，学校是教育改革的先行者，是素质教育的探索者，以其先进的教育理念和优秀的教学成果，吸引着省内外的教育同行及教育研究机构前来参观学习，实现教育的共同发展。

“零”管理是一种团队管理模式，有利于培养人的自我管理意识，提升自我管理能力，形成“无为胜有为”的良性管理模式。“零”管理崇尚科学高效：学校规范章程，强化执行，从而实现人司其责、人尽其能的目标，使每个人都在制度的指引下自觉遵守规范成为一种常态。“零”管理注重民主平等：学校以人为本，决策民主化，管理民主化，从而唤醒人的主体意识，弘扬人的主体精神，发挥人的主体能力，让每个人都能参与到学校管理中。“零”管理重视合作共进——没有完美的个人，只有完美的团队：学校借鉴“团队式引领”管理思想，对小组结构进行优化调整，使先进带动后进，让后进主动求发展，从而实现共生共长，并在这一过程中培养集体荣誉感。“零”管理关注文化浸润：学校努力构建独具特色的文化体系，让师生以文化沐浴心灵，在文化的引领下自觉规范个人行为。

“零”作业是创新型、高效型课堂模式，目的在于让师生从繁重的课业负担中解放出来，让学生有更多的时间自主学习，自我激发学习兴趣；让教师有更多的时间自主探究，构建高效课堂。“零”作业不是不学习，而是建立“学习型组织”，落实学习任务；运用“单元自主学习指导纲要”，提高学生自主学习的效率；使用“课堂学习指导纲要”，促进教学环节优化；设计“双休日（节假日）生活指导”，培养学生的创新实践能力，丰富学生双休日和节假日的生活；构建“校本课程体系”，激发学生兴趣，开阔学生视野，促进其全面发展与个性张扬。

培养美好人性，塑造美好人格，营造美好人生，建设一个美好社会，才是教育的根本使命。“成人百分百”即以此为追求，让每个人都能收获成长，让每个人都能终身发展。“一个文化磁场”强化的是人的责任意识，“‘零’管理”锻炼的是自我管理能力、团队协作能力，“‘零’作业”养成的是自主学习、合作探究的能力，三者是“成人百分百”的有效保障。学校致力于学生的全面发展，使其拥有良好的教养、横溢的才智、强健的体魄、高雅的审美；致力于教师的素质提升，使其以教育家、思想家的眼界、胸怀和抱负从事教学，从而实现其教育追求。

北宋镇实验学校文化生成后，并不是静态地在解读和单纯健全其文化形式，也并非徒有文化元素，而是基于动态地运作，让学校文化找到“绽放”的形式，创造性地、有效地把相应的文化元素逐渐构成系统的、相对集中的文化力；并且通过这种不断生成迸发的文化力助推学校内在意义的发展和外在的影响力，凝聚发现内部力量与智慧、吸引运用外部各方面的支持因素的精神，不断优化学校的文化竞争力、培育学校的文化生长力、激活学校的文化创新力。

那么如何才能更好地发挥出由学校文化生发的文化力的作用呢？教育家陶行知先生早在1926年乡村学校教职员第一次联合研究会上就提出：“生活是教

育的中心。”“教育应当培植生活力，使学生向上长。”在他眼中，生活力就是“战胜实际的困难，解决实际的问题，生实际的利，格实际的物，爱实际的人，求实际的衣、食、住、行，回溯实际的既往，改造实际的现在，探测实际的未来”的能力。因此，校园生活力其实是教育联结现实生活的能力。

而兴起于北宋镇实验学校的“零”作业改革，正是出于回归生活的宗旨，从校园生活的原点重新出发来表现有规律的、科学的生活，从而实现师生创造生活和享受生活的原初目的。

北宋镇实验学校文化的顶层设计是这样的：第一层是“归零教育”，就是回归教育本真，让教育走向真善美；第二层是学校的核心价值观，即学校的校训——“志道游艺，抱朴求真”；第三层是学校的三大品牌——一个文化磁场、“零”管理和“零”作业；第四层是它的办学理念——“创领学习，奠基成长”；第五层是学校的行动，就是全校每个人在每个时间段和空间的实际生活元素和项目，如家长义工行动、乡村少年宫的文化艺术教育、教师志愿者共同体、翻转的班会课、问题主体课堂、志道游艺课程、微创新研究、自主生活德育和全人教育实践研究、学生自管委员会等；最后一层是学校愿景——“农村学校素质教育的探索者”和培养目标——“做有担当的现代人”。

为了达到上述学校文化建设的宗旨和效益，形成一种文化力，学校力争围绕学校文化的顶层设计，在课程、教学、教研、德育、管理、制度运行、评价等方面，在教室、走廊、大厅、公寓、餐厅、功能室、操场等地方，都经过系统思考和设计，让学校每一个人全天所经历的行动和思考，通过运行和评价，都展示在学校的每个地方。这样，学校生活的过程与痕迹就动态地绽放在校园里，从而形成一种特殊的管理思想，达到用文化来管理学校的境界。学校文化力自然生成，一所真正注重内涵发展的学校应运而生。

我仅从学校每一面教室外墙上的文化展板的设计与运作来解读和阐释本文观点和北宋镇实验学校文化治校的发展路径。在每一面教室外墙上，都能看到一块精致的文化展板。从外观结构上看，它是“100”的一种变形，象征着学校“成人百分百”的育人观。展板由三部分构成，第一部分代表“一个文化磁场”，第二部分代表“‘零’作业”，第三部分代表“‘零’管理”。展板两边镌刻着学校的精神“自信、超越”。这一块块的展板不仅仅是为了美化走廊和展示一些内容，重要的是它的运作与内容反映着每一个班级个人和团队每一天的生活形态与方式，所有班级的展板交相辉映，展现了全校全天所有人的生活表现、生活创造、生活评价和生活享受的过程与程度。

“一个文化磁场”的具体内容有“教师荐文”与“学生荐文”栏目，可以推荐名家文章，也可以推荐身边教师和同学的文章，目的是打造一方浓厚的文化阵地，吸引大家积极主动地去阅读名著、欣赏名篇，从这些大家的文章中汲取先进的思想，陶冶性情，润泽品德；同时，激励大家拿起手中的笔，来书写美好的人生，记录下自己身边有价值、有意义的人和故事，为实现自己的梦想奋斗不止。另一个栏目是“感动人物展示”，感动人物的诞生来源于第二部分“‘零’作业”和第三部分“‘零’管理”的评价结果。

“‘零’作业”这一板块分为三部分。第一部分为学习型组织（即学习小组，由四人组成，每个小组都有自己的小组文化）的日、周和月评价。具体操作流程如下：每位教师上课时会对各小组自主、合作、探究学习的效果进行当堂评价记分，由具体负责此任务的学生把每一节课各小组的分数转放在教室后面的黑板上（此黑板画有一天共六节课的课堂评价表格），再把一天各节课的总分数转放在一张彩色小卡片上：周一的分数放在日评价栏目中的第一个小盒内，周二的分数放在第二个小盒内，以此类推……共有五个放置日评价小卡片的小盒。一周结束后，把五天的分数相加，把总分数写在周评价卡上：写有第一周总分数的卡片放置在周评价栏目中的第一个小盒内，以此类推……四周后，即统计出一个月的各小组评价分数，然后将月总分数卡片放置在月评价栏目中。这样每个月的优秀小组就会自然被选出，优秀小组和表现突出的个人即为月度感动学习型组织和个人。该板块的第二部分放置学生操作的“我最喜欢的教师”的课堂评价卡，上面有学生评选出的教师姓名与学生喜欢的理由关键词。这一活动的实质是让学生自主评价教师的课堂改革情况。第三部分张贴“零”作业监督卡，让学生对教师是否布置课下书面作业进行监督，每天的监督内容会及时公开。

第三个板块是“‘零’管理”，同样分为三部分。第一部分是学生自我管理评价表，内容包括自习、两操、卫生、纪律等日常管理情况，具体操作办法与“‘零’作业”板块中的学习型组织评价方式一致。第二部分为“做有担当的现代人”主题教育活动展示，目的是展示学生的自我管理活动成果，实现学校的育人目标。第三部分为自我管理监督台，旨在促进学生进行互相管理，养成自我管理、自我约束的习惯，加强自我管理、自我约束的能力。

这样的展板设计理念与运作方式，就蕴含了学校管理的价值观和改革实际操作形式，这只是该校文化建设的一个缩影。该校的文化建设整体设计思想其实就是通过创生校园生活力，打通教育与生活的隔膜，让学校文化力动态地作用于校园生活中，让每天成长的校园生活在文化的统摄下，形成可操作的、可评价的文化力量，让全校每个人都能感受到自己得到尊重、个性有发展的空间，让所有学生养成良好的习惯和生活规律，为他们的成长过程打下终生难忘的美好教育印记。这样，一所学校良好的生态文化也就形成了。

第三辑

阅读照亮发展

与孩子一起享受合作学习的乐趣

近期拜读美国鲁道夫•德雷克斯与薇姬•索尔兹所著的书《孩子：挑战》（生活·读书·新知三联书店、生活书店出版有限公司出版），该书被称作儿童心理学的奠基之作，其中第十五章的一些观点对我启发很大。

书中说："往日传统的家庭里，因为物质条件和家庭条件的限制，孩子们只能一起玩。这个习惯延续了很多代，直到收音机、电视的发明带来了大众媒体的传播方式，才有了改变。而在现代社会中，很多家庭关系却越来越疏离。孩子们自己玩，父母提供玩具，却不参与。产生这样的现象，一部分是由于我们的社会文化发生了变化，孩子和大人之间的对抗比以前更多；还有一部分原因是，大人们缺乏和孩子一起享受乐趣的技能。父母花了很多心思给孩子最好的物质生活，却不记得自己也要参与。""还有一个现象，是父母和孩子没有共同兴趣。这是因为孩子抗拒进入父母的成人世界，而父母也难以用平等的姿态进入孩子的世界。父母有责任和义务带动孩子一起玩游戏，使家里渐渐形成和谐快乐的气氛。这样，就可以慢慢改善成人要求过多和孩子对抗的情况，大人和孩子成为有共同兴趣的伙伴。"

但如果孩子已经上初中了，与孩子一起玩一些儿童时期的游戏就已经不现实了。我认为，家长可以从了解孩子的学科、学校的课程、中考改革理念与方向开始，与孩子一起构建一些家庭学习课程。如我曾经的一名学生，在她读初一时我教过她，她现在在美国留学。她的家庭很有意思，父母和孩子都喜欢读书。他们一家三口放假后会一起走进书店，每个人都为自己买几本喜欢看的书，回家后各自开始阅读。他们一家三口经常在一起做类似“读书沙龙”的活动，也就是都谈谈最近的读书收获，论述一下自己的一些思考。最让人好笑的是，一次我参加她家的聚会，在饭桌上一家三口竟然把我放在一边，围绕一个话题展开了辩论，每个人都在尽力阐明自己的观点，各不相让。我静静地听着，没有打扰他们，这是多么让人感动的画面啊！这才是一个真正热爱读书的家庭，共同的读书兴趣，让他们的家庭氛围变得很和谐、很上进。

如今的考试，需要考出孩子们的社会实践知识、考出他们的能力与素养、考出中华优秀传统文化、考出社会主义核心价值观。比如 2017 年北京市高级中等学校招生考试语文试卷，其命题基本原则是：体现学生九年义务教育阶段的学习成果，将语文素养作为考察重点；全面体现传统文化和社会主义核心价值观，在命题方向上力求灵活性、广度与深度，为学生展现个人语言运用能力和语文综合素质提供平台；将学生的课内外知识进行有效结合，充分体现学生在学习过程中掌握的实践运用能力。

具体表现在：灵活性进一步加强，重视知识的广度与运用；注重结合时代背景，反映社会需求（名人故居、新能源、人间正气）；对综合能力的需求进一步提高；形式多样化的同时保证核心一致（核心——人与自然，未来趋势——整套试卷围绕一个“主题”展开）；对传统文化的考查从外在形式过渡到精神内涵。

寒暑假，父母可以与孩子一起走出家门，到一些名人故居、文化胜地、博物馆等地去进行研学活动。可一个家庭单独行动，也可联合几个家庭一起行动，还可通过一些研学组织机构参加。在出发之前，全家一起调研，搜集信息，制订研学计划，每个人可根据地点分工或专题分工，制作自己的信息文件夹。

我建议家长积极参加学校的一些课程与活动，如亲子运动会、亲子读书活动、志愿服务行动等，也可以根据学校需要，主动参与学校的校本课程建设。这样，你更容易了解学校课程与教学改革的真实情况。这有利于你选择或设计自己的家庭学习课程，使家庭学习课程与学校课程实现有机融合；更有利于孩子的积极参与，因为这样会让孩子很容易地获得成就感，从而提升孩子的参与积极性。《孩子：挑战》一书中有这样一个例子，我想对大家很有启发，你可以参考它与孩子一起在家里干点什么。

有个孩子参加了学校的活动以后，在家里建了一个“博物馆”。家里所有古老的东西都被贴上标签，放在“博物馆”的架子上。家里的其他人也帮着很努力地收集各种可以放进“博物馆”的物品：一块彩色玻璃被称为“古老教堂窗户的遗骸”，一根在树林里找到的羽毛被称为“古印第安人帽子上的装饰”……

我可以推断，您的孩子的物理老师有可能会建议孩子在家做一些家庭小实验，这时，您可以配合孩子，在家里找个空间，建一个物理家庭实验室；如果孩子的生物老师让孩子来研究一些植物，您可以与孩子一起开辟一块空地，或做几个花架，与孩子一起种植各种花草；如果孩子回家后喜欢唱学校里的歌，您可以把大家一起洗碗、收拾饭桌的时间变成唱歌的时间，让孩子教您唱学校里的歌，全家人尽情地欢唱。

书的最后说：“如果父母留心倾听孩子，会发现很多孩子感兴趣的事情，再加上一些想象力，这些都能成为家庭的项目，成为家里所有人的乐趣。共同享受乐趣，用学习或游戏把大家聚在一起，形成团结合作的氛围，这是家庭气氛必需的基础，能够促进全家人的平等、轻松、和谐。”如果将孩子的学习课程与适合的学习方式对接好，会更有意义，与孩子的学习合作会变得更加流畅与有效。

很多人有这样的观点，认为成人在有些事情上可以向孩子低头，成人不再是领导。我认为这种想法是不对的。我们要做的，是和孩子坐下来平等地共同讨论问题，这样他才不会为所欲为，我们的行为才会对孩子有所影响。我们只能赢得孩子合作的意愿，而不能强迫孩子合作。赢得合作的最佳途径，是每个人都放心地畅所欲言，共同找到解决方法。

下面的几个错误做法我们要努力地避免：一是我们常常把自己的想法强加给孩子，并喜欢用这样的方式去贬低他们，我们想塑造孩子的个性、想法、人格，却把他们当成一块橡皮泥，认为我们的任务就是给他们塑形；二是我们容易根据事情的表象，而不是孩子行为背后的目的，来指责、批评、威胁孩子，或者挑他们的毛病；三是我们喜欢期待孩子只有正确的想法，就跟孩子说，他的想法是错的，而我们的想法是对的；四是我们经常自以为是地认为，我们知道孩子的感受是什么，认为孩子的感受会和我们一样，和我们当年一样；五是我们往往拒绝接纳孩子那些与我们不一样的观点；六是我们没有按照孩子的心理逻辑去处理问题，而是一味地否定和说教，致使孩子更加坚定地朝着自己的错误目标前行；等等。

在此，我也想提几点解决问题的参考建议。一是我们可以引导和影响孩子，但不能强迫他们进入我们给他们设计的“模具”里。二是我们要追寻孩子行为背后的故事和目的，主动思考，站在孩子的角度探究他们的想法。三是我们要敞开心扉，接受他们的想法，一起平等友好地讨论，问启发式问题，如：然后有可能发生什么？你有什么感觉？其他人会怎么想？四是我们需要坦白承认：观点不是唯一的，每个人对同样一件事的看法和观点会不一样。五是倾听孩子，了解他的心理逻辑，引导他从另一个角度看问题，帮助孩子了解他还没有看到的其他方式的正面效果。六是我们需要随时准备接纳孩子不一样的观点，如我们可以对孩子说：“可能你是对的，咱们再仔细想想，看看还有什么可能。”或者说：“我不同意你的看法，但是你有权力这样想，咱们看看这样是不是可行。”

等等。

总之，我们应该为孩子播下思考的种子，不要凡事一上来就讲道理，而要引导孩子自己发掘：问题在哪儿？怎么解决？让孩子思考，然后静观其变。不要一开始就指责其中一方的过错，那样没人会听得进去。用“人们”这样的词，而非“你”和“他”，或者“这两个孩子”这种笼统的语言，能让孩子暂时离开问题一段距离，为讨论创造客观的环境或是可能的通道。

即使孩子表达了一个我们很反对的想法，在那一刻，我们仍然要练习接纳：“你说得很有道理，但是我不知道如果每个人都这样做会发生什么。”当孩子因为我们没有赞同他的想法而表现出不想继续讨论的样子时，不要强迫孩子，先把问题放在一边，大家都好好想想，过几天再聊。

“微习惯”永不停止的复利成本

人们很容易高估某个决定性时刻的重要性，也很容易低估每天进行微小改进的价值。我们常常说服自己，大规模的成功需要大规模的行动。为了实现目标，我们都会给自己施加压力，让自己努力做出一些人人都会谈论的惊天动地的改变。

近读詹姆斯·克利尔所著的《掌控习惯：如何养成好习惯并戒除坏习惯》（北京联合出版公司）一书，里面的多数内容与道理还是很容易理解的，因此我时常感觉不以为意。但是有一个计算公式还是触动了我。

书中说，改进 1% 并不特别引人注目——有时甚至不引人注目——但它可能更有意义，特别是从长远来看。随着时间的推移，一点小小的改进就能带来惊人的不同。计算方法是这样的：如果你一年内每天都能进步 1%，到你完成时，你将会进步 37 倍；相反，如果一年中你每天以 1% 的速度退步，那么你现有的任何东西都会降到几乎为零。一场小小的胜利或一次小小的挫折，积累下来会产生很大的改变。

习惯是自我提高的复利。就像金钱借助于复利倍增一样，习惯的效果也会随着你不断地重复而倍增。在一两天的时间里，你感觉不出任何不同，但在数月和数年后，你会发现它们产生了巨大影响。只有在过了两年、五年或者十年后再回顾时，你才会发现好习惯的价值之高和坏习惯的代价之大令人瞠目结舌。

我们做了一些改变，但总是迟迟不见期待中的效果，于是我们失去了改进的动力，退回之前惯常的做法。但是，要记住一个道理，你的日常习惯稍有改变，你的人生道路就会通向一个截然不同的终点。在你做出 1% 向好或 1% 向差的选择时，在那个时间点来说它并不起眼，但纵观你由无数个时间点构成的整个人生过程时，你的那些选择决定了你是谁和你可能是谁之间的不同。成功是日常习惯累积的产物，而不是一生仅有一次的重大转变的结果。

书中提到“微习惯”这个概念，认为习惯就像我们生活中的原子，每个基本单元都对你的整体进步有所贡献。起初，这些细微的惯常举动看起来微不足道，但很快它们就开始相互依存，为更大的胜利注入了动力，其翻倍扩张达到的程度远远超过了最初的投入，它们微小但很强大，这就是“微习惯”的含义。它是一种有规律的练习或习惯举动，本身微不足道而简单易行，却是不可思议的力量之源；它也是复合增长体系中的一个组成部分。

这就构成了“微习惯体系”，你要做的，不是拔高一个目标，而是落实你的体系。随着你继续将微小的变化层层叠加，人生的天平开始偏移。每次改进就像在有利于你的天平的一侧添加一粒沙，使它慢慢地偏向你。假如你能坚持下去，最终你会到达产生重大偏移的临界点。突然间，坚持好习惯变得轻而易举。整个系统开始偏重你，不再与你作对。

也就是说，成功不是要达到的目标，也不是要跨越的终点线，它是一个让人得以进步的体系、精益求精的过程。这是一个连续不断的过程，没有终点线，也没有永久的解决方案。一圈圈地循环发展，让好习惯显而易见、有吸引力、简便易行，令人愉悦从而不停地寻求获得 1% 的进步的新方法。

假如你不停止健身，你将拥有一副强健的体魄；假如你不停止学习，你将汇聚知识的宝库；假如你不停止储蓄，你将积少成多，得到一笔巨款；假如你不停止关爱，你的朋友将会遍布天下。小习惯不会简单相加，它们会复合。

其实，我们容易为自己的好习惯不能坚持、坏习惯无法改变寻找主观理由，其本质是这样的：当一个习惯对你真正重要时，你必须愿意在任何情况下坚持下去。比如，我懒得写的文章也不少，但我从未不按时发表。有很多天我都想放松一下，但我从未不准时到场，努力去做对我来说很重要的事。

学习至此，我开始在努力重新寻找自己。当你一生都在用一种方式定义自己，而这种定义消失了，你现在究竟是谁？学校的老师无视创新的教学方法，固守其久经实践检验的教案；资深经理执意要自行其是；外科医生拒绝年轻同事提出的建议；一支乐队在发行首张震撼人心的专辑之后便故步自封，再无创新。我们越是执着于一个身份，就越难超越它。

重新定义自己的身份吧，去冲破阻碍你前进的执念。将“我是运动员”变成“我是那种精神坚强、喜欢身体挑战的人”；将“我是首席执行官”变成“我是那种制作和创造东西的人”；将“我是一名老师”变成“我是一名师德高尚、热爱学习、坚守教书育人信念的人”。

习惯带来了许多好处，但缺点是它们也会让我们陷入以前的思维和行为模式，不能跟上时代前进的步伐。一切都是无常的。生活在不断变化，所以你需要定期检查一下，看看你固有的习惯和信仰是否还在为你服务。这就需要有自我意识，有反思和回顾的习惯。

其实，多年来我一直遵循上述理念，把“微习惯”作为我学习、生活与工作的一个切入点，甚至可以说是我从事各项活动的工具，从而开启了一系列“微创新”“微改革”，我还习惯以欣赏的眼光发现、对话、记录，每天在教师微信群发布“校园微生活”系列文章。老师们一次次被看见，学校一点点在改变，“一厘米之变”精神开始生长，教师的改革意识被唤醒。

比如校园微环境的改造。“静静挂在枝头的桃子”是北京市育英学校的校风。这个校风背后有深刻的内涵，指向学生是懂规矩，有教养，守礼仪；指向教师是以身示范，为人师表，“桃李不言，下自成蹊”；指向校长是心无旁骛，静心办学。

作为育英学校密云分校的校长，我从延续“静静挂在枝头的桃子”这一校风出发，改造校园环境，让环境和空间能真正为人而存在，让人与环境互动起来。

校园里原先冬青围绕的绿化带被打开了，取而代之的是“六艺庭院”“桃李满园”“曲水流觞”“劝学蹊径”等具有文化内涵的开放性空间。这些开放性空间中设置了书架，给学生提供多样化的阅读学习体验。我认为，阅读不仅能在课堂上或图书馆中进行，还可以在校园的任意角落开展。比如，“劝学蹊径”打开了教学楼与实验楼的绿化带，将之变成了读书、休闲、进行学习展示的区域，成了学生最喜欢的去处之一。更多空间的打开，让闲置的空间有了生命气息，不同的学习样态在这样的空间和氛围中开始出现。

如今的密云分校，走廊或连廊不只是连接、行走的区域，更是阅读、交谈、玩耍、交友的地方。大厅里、连廊间、楼道里都有大小不同的学习岛、学习区。课间，学生三三两两走进这些空间寻书、阅读、交流、休息；教师会在这里举行教研活动，与学生沟通对话；家长也在这里等候孩子。

对环境的改造，并没有停留在“硬件”上，我发动学生参与建设校园文化，引发了学生的极大兴趣。学生开始重新发现校园，为校园里的每一处景观命名，提供诗意的内涵解释。

学校的自行车棚旁边有一段古文，是初二（1）班学生孙驰的作品：“斯是车棚，惟子德馨。阳光照墙闪，云雾漫天仙。石壁有佳作，往来无打闹。可以阅古文，诵诗经。无喧哗之乱耳，有诗词之相伴。”

还有每一届学生对校训“好好学习，好好学习”的解读。初一（8）班学生李嘉兴这样解读八字校训：“‘好好学习，好好学习’若为吾等之训话，遂，同为吾之神志所在。学者，入校为之学，若不学，则无义。”

当校园空间不断催生这样的课程场景，空间便成了学校课程的一种延伸。在我的认识中，爱学校首先从爱上校园的环境开始，“环境创设好了，学习会自然发生”。

这正所谓：尽精微，致广大。着眼于“微”，不求惊天动地，但求日益精进；发力于“创”，少些抱残守缺，多点勇于担当；指向于“新”，基于教育常识，重构理想样式。

创作是想法的连接

我经常收到一些朋友发给我的文章，他们或请我帮助修改一下，或希望我推荐到某些报刊上发表。但是，当我打开这些文章时，我不用细观其内容，单看题目，就知道不好修改，更不可能被发表。主要问题是其选择的主题缺乏新意，都是些极其平常的角度；从内容看，更是感觉其他人早就写过了。

我想，这与作者不会寻找主题、不能抓住问题的独特性有关系，他们只是循规蹈矩，模仿他人的作品而已。为什么会造成如此情形呢？我们不能否定文章作者的努力，更不可怀疑他们的态度。

在阅读了万维钢老师的新著《学习究竟是什么》（新星出版社）一书后，我认为其中的有些观点可以帮助我们对上面的现象做出解释，提供可资借鉴的改善策略。

其中《创造的脚手架》一文，指出了问题的根源。写文章其实也是一种创造，作者认为，“创造的基本技术是借鉴”。文中介绍乔布斯在1994年接受《连线》杂志采访时，谈到了他对创造的理解：“创造就是把东西连接起来。如果你问有创造力的人是怎么做出东西来的，他们会有一点负罪感，因为他们并没有真正‘做’东西，他们只是能‘看到’东西。一段时间之后怎么做就会变得非常明显。这是因为他们能把自己的经验和新东西综合起来，因为他们拥有比别人更多的经验，他们对自己的经验想得更多。”

“创造是想法的连接，某些创造是同类想法的直接连接。”那为什么我们经常意识不到这一点，为什么我们总觉得自己的想法不如那些写作高手更加创新、有独特性呢?

首先是因为缺乏连续持恒的阅读学习精神与习惯。阅读学习需要日日进行、月月坚持、年年累加，这样才能摄取某一领域的相对全面完整的知识，从而筛选出那些独特、新颖、有用的信息。一旦阅读学习的链条断了，那么这段时间的信息摄取就是空白的。当你想起创作时，你此时的观点或想法可能还停留在过去，自己却浑然不知，完成后甚至感觉似乎还不错。但当别人阅读你的文章时，他自然感觉到了落后。

其次是因为不经常看一些有创新意识的人的文章，不能自觉地把自己的文章与他人的文章进行比较，便不能获取他人现成的新观点，也不能感受到自己的文章与他人的差别和距离，所以就不会有进步。我有个学习写作的经验：自己写完了，再看他人的文章，感觉到了不足，学到了经验，再继续写自己的，再看他人的……如此周而复始，水平会不知不觉地提升。

再次是因为在阅读学习时，缺乏一种意识，没有在他人的思想、自己以前掌握的知识以及自己目前的实践之间建立起联系，从而生发出自己的观点，生成自己的想法。在建立联系的情境下，你会感觉到心灵与经验的一种碰撞，也就是所谓的灵感。把灵感用文字表达出来，一篇文章就诞生了。

你读到这里，可能会有一个疑问:“你说得容易，做起来却很难，到底怎么才能做到上面所说的这三点呢？”书中还有一篇题为“秘密项目”的文章，其中的观点我也认同，可以作为解决这个问题的绝妙方法。

“我们每个人都有一个自己的秘密项目，我们白天上班做普通的研究，晚上回到家里做秘密研究。”看到书里这句话，我想到了自己。其实我也有自己的秘密项目，那就是读书、写书。这个项目不是随便做做而已，我抱着非常严肃认真的态度，每天都要取得进展，达到一定的水平。

当然，在这里我不是提倡你去找一份兼职的工作。我所阅读的书，大多是与自己的工作有紧密关系的，即使是一些休闲的书、一些其他领域的书，我也会自然而然地将它们与自己的工作建立联系，互相印证，互相支撑。我的写书，则更是自己专业领域的内容，当然，里面吸取了一些我在阅读中感知与消化过的有用的信息。

你可能会问：“如果是好的项目，为什么非得秘密做呢？”作者认为：“关键是你做这个项目时，要有一点疏离感。也就是说你不应该跟一大帮人在一起凑热闹，应该自己独立地干。因为疏离感能激发创造性。”“如果一个人处处跟人扎堆，哪里热闹就去哪里，有什么新闻热点他全知道，有什么时髦的事情他必定跟进，这样的人日子会过得很有意思，因为他代表所在圈子的水平，但是他不能给这个圈子贡献新东西。”

我认为，读书、写书是自己感兴趣的事情，做起来也不需要什么经费，不用跟风参加一些评比，文章也不是非要发表，不用刻意模仿他人的风格，可以自己自由地干，不知不觉往往会做出连自己都感到惊奇的成果来。比如，我的一部分书稿，就是我三年秘密思考研究的结晶，是我每天晚上都坚持写点东西积淀出来的。

晚上一个人，不会跟其他人有太过密切的交流，这就为保留一些独创性提供了空间。“面对流行笑而不语，私下憋个大招。那也许是能让你完成致命一击的武器，也许是你最后的底牌。”

但是，有这个项目在，感觉会很好，你再也不会感到孤独，你会有机遇跟某些事物连接在一起，更为惬意的是，你比别人多了一种生活。也意味着，自己的生命被拓宽了、拉长了、增厚了——这是我自己独特的感觉，我每天幸福满满，力量十足。

这是一种文化自觉，是一种内驱性的事业，它需要自己持续地修炼精神；需要发挥忍耐力积累资源；需要把这些头脑中已经储存的大量素材，在可能的条件下建立连接——那灵光乍现的东西就是你的创造，是你又一篇独一无二的创作。

在此，为了更好地帮助大家做好自己的“秘密研究”，我想给大家提一些关于读书的意见。

我在读书时，一旦选定了一本自己喜欢或需要阅读的书，就会反复阅读，找出需要强调的地方和重要理念，写出核心思想和自己的理解，然后不断地复习，消化吸收。同时结合自己的实践，梳理出一篇比较精练的文章，发在我的公众号里分享，希望同样喜欢的朋友跟我一起读。重要的是，每间隔一段时间，一定要重读一次。我设法保持自己的阅读兴趣，并集中阅读那些我想要实际应用的东西。这样会真正了解一个领域，透彻地吸收一些重要信息，而不是盲目地接触大量信息。

如果这些信息是有用的，我会将其应用到自己的工作、文章或讲座交流中，让其在实际应用中继续发酵酝酿。当产生观念误解或记忆模糊时，我会再次翻阅书中的相关内容，做到真正理解并澄清其中的观点、逻辑和意图。这是一种很有效的策略，能够让自己保持一种积极开放的态度，通过不同方式的间隔性重复，克服知行之间的差距。

有的教师读书目的性太强，给自己规定了强迫性任务，并期望通过阅读迅速获取自己想要的东西，这是不现实的。我有时会放空自己，只选择自己喜欢的书，坚持每天阅读，即使再累、再忙、再烦也要读。读着读着，我就会感觉到，以前自认为的一些有品位或有水平的书籍，已经不能满足现在的口味了。我对选书变得挑剔起来，买的书也不再那么繁杂、漫无目的了，更聚焦自己近期思考、实践和研究的问题。

不同类型的书，内容有时是相通的，有时是冲突的，需要自己去辨析和选择，然后把它们联系起来，内化成自己的想法，并与自己的实践行动对应起来，做出一些细节和方法方面的调整。我时常会产生一种感觉：每读过一本书，自己和以前的那个自己就不一样了。我知道，这是那本书的思想已经注入我的心灵里去了。于是，我越来越喜欢阅读，越来越能准确地把握书中的核心思想与观点，变得更加专注，读书的速度也变快了。

在我看来，不是非要一年读多少本书，拘泥于多久读完一本书，而是你在持续读书。那些读过的书，里面的知识会在时间的流逝中真正运用在生活上，汇入自己的生命中，让自己的世界变得越来越大，心胸变得越来越开阔，思维变得越来越敏捷。

教育人生是一场“无限的游戏”

掐指回首过往的教育人生，差一年正好 30 年。这 30 年，时常有因各样的所谓进步、收获、成功而惊喜的感受，但是恰恰在这样的心理过程中，还掺杂着一些不可名状的、奇奇怪怪的疑虑、纠结与痛苦。这些情绪好像每天在翻腾着自己的心灵，时刻在敲打着自己的灵魂。到底还要走向何方？怎么走去？为什么要去那里？似懂非懂这么多年，一直也没有机会得到清晰明确的答案。

近读英国知名演讲家西蒙·斯涅克所著、石雨晴翻译的《无限的游戏》（天津科学技术出版社）一书，顿感思维被彻底打开，感觉原来是如此、应该要如此、以后必须得如此。读着书中的观点，体悟里面那些企业的盛与衰，反思自己的教育人生，我开始逐渐调整自己看待世界的方式。

我从书中了解到一个重要的概念，即“无限的游戏”。作者说：“这个说法，出自 30 多年前的一本书，叫《有限与无限的游戏》。作者是著名的哲学家詹姆斯·卡斯。其中，有限游戏指的是那些以赢为目的的游戏。这类游戏有明确的终点、规则和边界。比如足球比赛、钢琴考级、期末考试。而无限游戏指的是那些以延续为目的的游戏。你的目标不是赢，而是一直玩下去。比如婚姻、生活、教育，等等。当年，这套有限和无限的理论启发了很多人。不过，它也有一个小小的遗憾，就是这套理论，是一种纯粹的哲学观点，它更多的是，提供了一种解释世界的框架。具体到场景，它并没有深度嵌入到某个领域里。因此，很多后来人，都在尝试，把这套理论迁移到现实的场景里。而这本《无限的游戏》，做的就是这件事。这本书把有限与无限的一整套理论，迁移到了商业领域。”

如果把镜头转向教育领域，道理也是一样的。你会发现我们在日常生活中，常常经历的多是“有限游戏”，如参加单位的岗位竞聘，参加一场演讲比赛，或者是用手机玩一把王者荣耀。从结果上来看，只能有一个人或一支团队可以赢得这场游戏；其他人将会在这场游戏中失利，但他们中的有些人会在游戏结束时获得排名，收获排名所带来的比冠军少的奖励。

但是，在我们的身边，“无限游戏”的例子是很难见到的，大家对于“无限游戏”的真实面貌好像有点模糊。书中所说的这个案例，则是典型的“无限游戏”。

美国篮球传奇人物约翰·伍登教练，其影响远超篮球界甚至体育界，他就是一位“无限思维”的信仰者、实践者和布道者。身为主教练的他拿过10个全美大学联赛冠军，却不把篮球或者体育运动当作“有限游戏”来玩。“在我的执教生涯里，我很少或几乎没有说过‘赢’这个字，也很少论及‘打败’对手以及激励某个队伍争夺第一名。”他曾经这样说，“我对成功的定义是这样的：竭尽全力，达己最佳而感到自足，由此得至内心平静，谓之成功。”这是“伍登教导力”的核心理念——让队员们从记分牌的焦虑中解脱出来，沉静下来，努力起来。

该书的推荐序言作者、清华大学经济管理学院领导力研究中心主任杨斌老师，在其文章中有这样一段描述：“在一个学校中，我们最经常看到的，就是以赢家的头衔来结束这场游戏。成为赢家，就要为自己而战，打败其他所有玩家。制订的每一个计划、采取的每一个行动都是为了赢。在（有限）游戏中的人坚信这是唯一正确的选择。其实，引导他们这么做的，是他们自己的越来越根深蒂固且自我持续强化的思维模式。考试的目的是让学生了解自身的进步与下一步的方向，还是在一群学生中分出高低胜败，甚至赋予优胜者特定的头衔以进入更高级的（但也仍然是有限的）游戏？讨论问题是为了寻求更多的视角与宽阔、深入的理解，还是为了比赛时看谁先击中标准答案并最终让所有人的意见都收敛到标准答案？已经司空见惯的奖学金安排，究竟是奖励过去的表现，还是鼓励未来的探索？是奖励与他人比较的赢家，还是鼓励跳出舒适区的新我？是奖励按照标准剧本进行的完美无瑕的演出，还是鼓励书写新传奇的不完美的探索？校长们，老师们，一旦觉得‘我们已经知道’‘一切尽在掌握’‘只需按方培养’，有限游戏的大幕就开启了，而敢于承认‘我们还不知道’‘一切皆有可能’‘成长千方各样’，无限思维才能在敬畏和拥抱不确定中登场。”

各级教育主管部门或评价部门对学校的等级标准督导、教师对学生考试考查成绩的排名、学校对老师业绩的评价考核，这些都充斥着“有限思维”的模式。而我们需要的却是“立德树人”长期教育使命的落实，需要的是培养“德智体美劳”全面发展的社会主义建设者和接班人的神圣行动，需要的是被学生爱戴、喜欢、信任的具有价值观影响力的教育者。

我们都要明白一个道理，做教育不是为了赢，而是为了让我们“教书育人”的事业继续下去，让传承“中华优秀文化”的责任继续下去。

论著后记有这样的观点：如果选择用有限思维来生活，我们的首要目标就会是比别人更富有或升职更快；如果用无限思维来生活，我们的目标就会是推进一项比自身更伟大的事业。我们将那些与我们有着相同愿景的人视为事业伙伴，努力与他们建立彼此信任的关系，希望能够共同推进这项对众人都有益的事业。我们对自己所享有的成功心怀感恩，在自我进步的同时也会努力帮助周围的人进步。用无限的思维来生活就是要过服务他人的生活。

所以，我们一旦有了“无限思维”的品质，所持的哲学思考与实践行为就会有别样的场景。比如，作为一名校长，我提出学校的办学愿景是“成就每一个人”，这是为学校的发展找到了一条追求崇高事业的通道。这个未来的状态极具吸引力，在这里的所有人都愿意为实现它而做出奉献。这比任何一场特定的胜利都更有重要的理由，我们的日子会过得更有意义，更有满足感，更能让我们共同的事业年复一年地持续下去。学校淡化了考勤管理、对教师个人的终结性业绩评价，看到的是每个人的进步与增值；更加重视团队的文化建设，为的是形成彼此信任的团队。

在这样的氛围中，学校的文化建设永远不会完工，会处在不断进化的状态下；教师的成长永远不会停止；学校领导会勇于拥抱不确定的环境，敢于突破“有限游戏”的局限，不再急功近利；教师和学校领导会一起帮助自己的学生发现他们的才华，找到他们的兴趣，唤醒他们的激情。这意味着要教学生懂得服务的价值，教他们保持谦逊与同理心，学会沟通与合作；这意味着要让学生懂得教育是恒久的，不会因为从学校毕业而结束；这意味着要让学生懂得如何运用“无限思维”去生活，离开学校和父母后，继续成长。

本文开始所描述的我的矛盾心理，其根源就是在玩“有限游戏”的过程中所产生的遗憾：过分看重结果，导致我们遗忘了包裹着当下这个“有限游戏”的“无限游戏”——人生。站在人生这个“无限游戏”的维度去看，当时的一件件事情、一次次“有限游戏”，收获最大的或许不是最终的排名、头衔，而是在这一段段经历当中获得的经验与体会。

具体到一个人，如下观点也许更容易理解：

在工作当中，“有限游戏”的参与者开始工作，是为了将一段时间用工作来填满。对他而言，工作是被动的，是等价交换的一种方式。而“无限游戏”的参与者开始工作，是为了将一段工作用时间来填满。对于他来说，工作并不是被动的，而是他用来产生各种可能性、体验人生种种不同的方式，是对自己的不断完善。

本书后记的最后一段话，有很深刻的警示作用："没人会想在自己的墓碑上刻下银行账户的最终余额。我们希望人们记住的是我们对他人的付出，是尽心尽责的母亲、慈爱的父亲或忠诚的朋友的形象。服务他人才是有利于这场游戏的做法。"

希望我们每一名教育工作者都可以成为"无限游戏"的参与者，力求认知事物的本质，打破既定边界，不再在乎眼前结果的输赢，而去虔诚地经营自己未来的那项崇高的事业，收获幸福美好的教育人生。

突破优秀的制约走向卓越

有人说，优秀是卓越的敌人。优秀之所以成为卓越的敌人，是因为优秀成了继续发展的包袱。人如果轻易满足，便认不清自己了，更看不到他人了。我认为，优秀之所以成为卓越的敌人，还因为优秀成了自己临时的资本，人因此便止于优秀，消费自己的优秀。这样，必然退步。当然，还有些人是因为并不追求卓越的理想，自然满足于优秀这一现状。

在中小学校，不乏优秀人才，如那些教学骨干、学科带头人、管理干部等。那些特级教师、正高级教师，或者某一实践研究领域的学习型、研究型教师，则是本文所指的卓越型教师。

我有种感觉，也是自己多年引领教师成长的经验：对于年轻教师的引领与培养很容易，这些老师主动性和积极性很高，吸收与消化能力很强，成长欲望与追求的理想很明显，但是，对于一些工作了十年左右或二十年左右的优秀教师，进一步引领与培养他们很麻烦，甚至有些棘手。当与那些优秀教师交流时，他们大多会说：我没想成为名师，上好课带好班就行了；我上课还行，就是不愿意读书，更不想写文章；变得卓越对我来说太遥远了，我没有信心。更有人说：我年龄不小了，每天都很忙，哪有时间学习、研究啊；我也读了点书，感觉没啥用，研究好像总是与实践不对接，我怀疑读书、研究的作用；我也想走上读书、学习、研究的道路，但是坚持不住，虽然这样心里不安，却下不了持久的决心。

其实，以上这些优秀教师的心声与状态，其根本的缘由是自己的一种选择，再就是源于他们还没有掌握从优秀走向卓越的规律。阅读成尚荣老师的论著《名师基质》(华东师范大学出版社)，里面的观点很好地解读了本文提出的命题。

成尚荣老师认为，名师成长，包括教师专业发展都应有崇高的追求，换句话说，教师的发展应当“再圣化”，即从根本上激发教师发展的内部动力，促使他们更加积极地自主发展。因为人是一种意义的存在，但意义不是别人赋予的，是人自己创造的。不过，人既可以创造意义，也可以破坏意义。只有当教师在自己创造意义的时候，他才可能真正体验到意义的“意义”，因而才可能生发出前行、突破、超越的动力，因而才会向着更高境界发展。

现在不少年轻人生了“初老症”——还没有老就说自己老了：男教师一过四十岁，就略带感叹地说他“奔五”了；女教师在为人母以后，就很伤感地说她老了。这种对未来的忐忑，多多少少折射出“就此停步”的想法和心态。应该明白，就在你说自己老的时候，你已经在破坏意义了。意义的消退以致被破坏，当然带来发展动力的衰退，所谓职业倦怠也就悄然产生。

我们需要再一次地讨论崇高，再一次地形成一种氛围：追求意义的崇高。这就是“第一动力”，这就是教师“再圣化”的过程，这就是走向卓越的过程。正是在“第一动力”引发的“再圣化”过程中，教师专业得以发展，名师得以成长。

名师是具有品质的名师，所有教师都应当培植自己的专业品质。品质既是优秀教师的特征，又是教师进一步提升自我的动力。将反思作为教师的“第一品质”是恰当的，它会带动其他专业品质的锻造。

不过，我以为最需迫切反思的是如何突破自己已有的经验框架。经验固然可贵，但是，如果经验不被改造、优化，不与时俱进，也可能会导致失败，这样的经验当然是可怕的。遗憾的是，现实中有不少教师满足于自己已有的经验，缺乏创造新经验的激情，由此而停滞不前。

以教学的基本问题为研究对象，以教学的基本规定为依据，不仅反思自身的教学经验，还以反思的品质和方式考察外来的经验和做法，教学改革才能真正为学生发展服务，教师也才能真正为自己的专业成长提供发展的平台，成为反思性的实践家。

众多名师成长的经历，不止一次地告诉我们，从优秀走向卓越，如果只以学科专业为背景，囿于自己的学科，是走不远、走不高的。教师的专业成长既要立足于学科专业，又要超越学科专业，需要有大视野，形成大格局，生成大智慧，这样才有可能突破学科专业的局限，突破"优秀"的制约，走向卓越。从知识的角度讨论，教师的专业知识不仅包括学科知识和学科教学知识，还包括条件性知识和文化性知识。教师只有健全知识结构，才能有大视野。同时，知识越来越走向综合，跨界研究已经成为一个重要走向，知识的综合和跨界研究，将会为教师专业发展和名师成长打开一条新的通道。要寻找并建构自我发展的更大专业。我把这更大的专业称作"第一专业"，言其对学科专业的超越、对教师专业发展和名师成长的重要性。

教师的工作与生活有一个重要特征：重复生存。重复生存，积累了许多经验，这些经验，让教师日益驾轻就熟，让教师走向成熟、走向优秀。经验是可贵的，但是经验不与时俱进会导致失败，教师也不可能走向卓越。教师应当永远有陌生感、新鲜感，从中生长起创新的欲望，生长起创造感。值得注意的是，止于优秀的教师满足于已有经验的现象，还是比较常见的。从另一个角度看，不少名师之所以成为名师，之所以成为教育专家，是因为他们摆脱了优秀的束缚。

教师专业发展、名师成长是有规律可循的，那就是读书—实践—思考—总结，如此循环，在循环中提升。大多数教师对此都明白，也都认可，可为什么往往效果不同，差异很大呢？我们清楚，产生差异的原因是复杂的，不过，不可忽略的一条重要原因是，对待这条规律的态度不同。一是有不少教师还没有形成习惯，读书、思考、总结等是偶尔为之的，缺少坚持且浅尝辄止，当然不会有好的效果。二是有更多的教师还没有形成“链条”，常有断裂现象，或是重读书而少思考，或是重思考而少实践，或是重实践但不善于总结；链条的断裂造成了教师发展的不完整性。三是有的教师读书还处于浅阅读、轻阅读阶段，没有超越学科、超越已有的阅读经验，因而显得较为肤浅。四是总结经验、提升经验这些环节还没有取得突破，因而在发展中还没有产生跃迁和飞升。

因此，一名优秀的教师，要想突破优秀、超越优秀，从而走向卓越，成为一位名师，成为专家型教师，需要做到如下四方面：一是不要以为专业发展是自然的，有追求才会有发展；二是不要总是依赖外力，要明白鸡蛋从内部打破才可能诞生新的生命；三是不要止于优秀，优秀是卓越的敌人，教师专业发展要从优秀走向卓越；四是不要以为读书—实践—思考—总结就一定能成功，要把握规律，形成自觉。

请记住成尚荣老师的嘱托：我们要真正把握这一规律，形成“规律自觉”，真正成为生活在规律中的主人。实事求是地说，克服这一现象也没有什么灵丹妙药，关键是自己严格要求自己，有目标、有计划，自我检查，自我评判，自我调整与改进。久而久之，成为习惯了，成为乐趣了，成为生活中的一部分了，规律就会进入你的生活，而且成为你最真诚的伙伴，伴随着你，提醒着你，触动你，推动你。

氛围是学校文化改善的晴雨表

阅读托德·威特克尔、史蒂夫·格鲁奈特所著的《如何定义、评估和改变学校文化》（中国青年出版社）一书，其中氛围对学校文化的作用与影响给我很多启发。我先后在多所不同类型的学校工作过，有农村学校，有城市学校，有城乡接合部学校；这几所学校里，有薄弱学校，有普通学校，有优质学校；有初中校，有九年一贯制学校，有小初高十二年一体化学校。丰富的经历让我有一种切身的体会：每所学校都有自己独特的文化基因与文化习俗，每所学校的文化似乎都会让身处其中的人们产生麻痹感——只要我们在这个群体里就会感觉良好，大家都会约定俗成地享受着这种氛围。有的学校老师们团结勤奋，敬业奉献；有的学校老师们热爱学习，乐于创新；有的学校老师们思想保守，行为懒散；有的学校老师们喜欢抱怨，追求形式；等等。

我还有一种体会：这种氛围就像一个坚固的堡垒，往往是他人很难融入的一个空间。走进一所新学校，如想改变一些现状或习惯，往往会遇到一些麻烦和障碍，各种挑战接踵而至。好像学校的文化喜欢外来人适应它们，不喜欢他人用另外的文化影响自己。

有专家认为，文化不是需要解决的问题，而是某个团队用之解决问题的架构；文化让我们学习如何生存，是将一个时代学到的东西传给下一代。从本质上讲，文化是被人们努力应用于某个群体的不成文的规则，是这个群体学习的社会教化。这也说明一所学校的文化对这所学校是多么重要，而改善一所学校不尽如人意的文化，让它能够健康和谐地发展是多么艰难。

记得刚到一所新学校的时候，我听到的声音更多的是抱怨生源太差、家长不支持老师的工作。还有老师说，他们不是不想干，只是不知道到底怎么干。再有就是干部之间互相不信任、互相斗气较劲的情况时有发生。

当然，这些表现并不能代表学校文化，但是大家的态度表明了学校文化在重视什么。学校成员的幸福程度低，影响了整个学校的士气，实际上这是学校氛围反映学校文化的特殊现象。学校氛围是学校文化外在的体现，氛围的变化会潜在影响学校文化的内在运行，会不断地对学校文化生态的积淀与进化造成或好或坏的影响。

在这样一所文化还不是很健康的学校里，一些不够积极主动的教师会很自由，并且有时不服从整体的管理，于是学校对他们睁一只眼闭一只眼，毕竟他们在人数上或岗位上都不占主流。其实这是一种极坏的管理理念，这是在强化消极文化，积极的教师会被冷落孤立，会在不同的方面受到伤害。比如，在晨会时，冷漠的氛围占主导地位。占主导地位的文化就会使用冷漠对组织晨会的教师进行排斥，或者暗示说，学校的其他活动也是浪费时间。如果出现这样的氛围，便证明学校的文化失去了应有的作用。

消极的教师总是希望看到学校的种种失败，并以此为借口无所事事。不能让这种消极的文化持续下去，否则，一所学校会陷入无序低效的混乱中。治理这样的一所新学校，最大的挑战是如何慢慢化解这种消极文化，重构新的积极的价值观。

如果你想挑战这种文化，那就赞扬和尊重一些冒险精神，营造积极向上的学校氛围，在本来很无趣的会议或一些活动上找到乐趣，探寻合理的积极文化的突破口。每个学期初，我都会要求干部依据学校的办学理念与育人目标，将一些做出突出贡献、有创新精神、有工作情怀的教职工个人和团队通过不同的形式展示出来。这些人有一线教师，也有门卫、保安、维修工、厨工等。展示方式有举行颁奖仪式、制作精美海报、组织经验故事分享会、优先安排他们的培训学习等。对于一些会议，关键是要做到认真准备会议的主题与内容，要求发言者注意讲话的时间限制，注意语言的亲和力与专业性，并时不时地与听众进行互动，从而弱化会议的行政色彩，让它成为一段大家交流思想、分享经验、共同学习、一起成长的旅程。

如果这种氛围持续很长一段时间，那么，积极向上、待人友善的氛围，以及乐意参会、享受听会的氛围就会渐渐变成学校文化的一部分。虽然从氛围到文化转变的转折点是很难确定的，但是，只要用心去营造这种氛围，相信真诚一定会化为同理心，并逐渐变成人们的一种信念。这种信念会自然引导人们的行为。但是要做到不贪多贪快，时刻注意有人来响应自己的呼唤，也就是，要找到那些志同道合者、那些有勇气的变革者，愿意与你一起变革学校的文化生态。否则，真正的挑战就来了。这需要自己在规划推行一件事情时异常地小心。

但是，你如果想改善一种文化，就必须要有勇气尝试一下新的方法。文化表明了学校的身份与形象，尽管教师会批评学校的某些做法，但他们不能容忍外界对学校的批评。这是一种很好的原生习俗，要充分利用好这种集体的情绪。我曾经提出将“榜样”作为某一学年的学校氛围关键词，即做身边人的好榜样，以自己的良好形象向社会展现自己学校的文化与气质。

我也曾经采取微生活创新的方式，因为学校的文化就在我们周围——它体现在奖品上、在教室的课桌上、在中午吃饭的时间上、在我们收集的学生数据中、在我们的欢声笑语中。文化告诉我们什么时候要严肃、什么时候可以放松、做出什么事情会得到奖赏等等。这些都可以形成一种氛围，用来诊断为了改变文化而采取的策略的效果。

在改善学校氛围的过程中会遇到很多突如其来的失败场景，但是，我认为这正好是改善文化的一种绝好契机。于是我借机采用很多细小的变化去适应目前的价值体系，而不是采用全新的价值体系。因为改善现有的条件比进行根本的改变总是要容易得多，尽管多数学校更愿意保持现状。

我鼓励有能力的教师组成团队，继而生成亚文化，创造新的学校文化。比如，我在学校里根据教师的需求及工作年限，鼓励他们自发成立了四个民间型的成长“自组织”，分别是“教师领袖成长俱乐部”“青年教师成长共同体”“未来教师成长联盟”“班主任成长俱乐部”。这实际上就是在慢慢推动组织亚文化的生成，用新的理念与行动去挑战传统的组织文化，起一种文化调和剂的作用。

记得刚开始，不少干部和老师总是喜欢说“我们过去怎么怎么样，我们当时怎么怎么样”，其实这是学校文化要求你最好保持现状。禁止某些话题、怀念过去的行为等都是不愿意改变的表现。人们学着尽量避免对新问题视而不见，他们害怕学校面临任何的功能失调，因为任何关于改变的建议都是对现有价值体系的攻击，甚至，他们会感觉也是对他们自己过去所做事情的一种否定。当然还有一层隐秘的原因：如果听从了改变的建议，可能会违背其他人的意愿，失去对自己更重要的人的信任。

氛围和文化都是用于描述我们如何与环境互动的概念，文化影响我们的价值观和信念，氛围构成我们正在运转的价值观和信念，但是通过调整氛围，有时候我们能够改变文化的一部分。这就需要学校管理者善于营造与之匹配的氛围，去寻找支持自己一方的人或团队，形成一种新的亚文化，并始终保持积极的情绪与态度，坚持很长一段时间。如此，文化就会得到改善。

不要忘了尖子生

教师的教要适合学生的学，如何让尖子生更拔尖，让“后进生”不掉队，这是学校和每一名教师都需要认真思考的问题与努力的目标。我最近一直在阅读美国作者琼·苏穆特尼和范·弗拉门德所著的《在普通课堂教出尖子生的20个方法：分层教学》一书，有一些启发。下面总结梳理重要论点与大家分享。

在一个班级里，有几十个孩子，想让他们齐步走，学习理解程度一样、学习效果一样，那是绝不可能的一件事情。那些想引导班里有天赋的孩子成为尖子生或者不想耽误尖子生却不知从何做起的老师们，我常常看到他们一直在辛勤地努力，尽管想要帮助这些孩子，却被其他职责压得喘不过气来。

西奥多·罗斯福曾经说过：“在你所处的位置，用你所有的资源，做你力所能及的事。”的确，还是有办法的。不论哪一种教学，我们总要从学生进入课堂时的资质（如学习水平、优点特长、学习风格、兴趣爱好等）开始着手，向他们传授知识。这也就是我们常说的“因材施教”。

成绩优异的尖子生是需要很多东西的：他们需要加速度，因为比起那些与他们同班级的学生来说，他们的学习速度要快得多；他们至少需要一些“创作体验”，尝试并应用他们所学到的东西；他们需要素材，运用素材来实践他们的想法，探索新的钻研学问的方法；很聪明的学生还需要被“敏感对待”，因为全身心投入学习之中使他们没有时间参加社交活动，他们可能会觉得被孤立了。学生的这些要求并不容易达到，特别是对于缺乏时间和资源的教师来说。

目前，我们忙碌繁重的教育像赛马一样，形成了一种只追求奖品的文化。这为我们的学校设定了基调：通过考试便达成了目标，而不看重生机勃勃的教和学。也就是说，我们的教和学，不能仅仅瞄准完成已经准备好的课程安排或达到早就规定好的考核学生成绩的标准。当学生们的注意力从积极地学习转移到提高考试技巧方面时，他们很难通过自学来获得新知识。老师面临的教学压力和不得不采取的措施限制了他们寻找其他教学途径，也就限制了学生选取多种学习方法。

为学生们提供机遇体验真正的挑战，针对尖子生的能力指导他们提高水平，这才是精心设计的课程计划，其中涉及加快学习速度、注重创造性思维、以兴趣为基础等。有些老师这样做，他们可以在课程中为尖子生增加学习难度；为他们安排较高年级的科目；找来愿意辅导尖子生的家长兼任导师，研究与课程有关的独立学习计划。

能力强的学生需要不同种类和难度的学习材料，帮助他们拓展想象力和加深对知识的渴求。老师在指导他们的时候，必须考虑原始学习材料能为尖子生带来多大的帮助。人力资源也很重要，老师、家长、社区成员、艺术家、科学家、作家和其他能够在课堂上提供更丰富理念的人都将为尖子生带来有益的帮助。

大家都认为，尖子生很省心。如果这种说法假设性地认定成绩一般或者不好的学生需要花费更多时间和精力学习，是有一定道理的。但是，也别忘记了，让尖子生花费大量的时间重复他们已经学会的东西，或者等待其他学生追赶上来，积年累月，尖子生就会被耽误。所有学生都有学习的权利，不论他们是谁，也不论他们所面临的挑战有多难，或者拥有的能力有多强。因此，真正的“因材施教”不能犯顾此失彼的毛病。

如果在一所学校里，老师们觉得到下一年为止必须把所有的学生教到标准水平，那么在这样的环境下很难诞生未来的数学家和作家。这样优先考虑全体学生的知识掌握情况，通常会导致教学知识基本化、教学速度缓慢化、教学方式因循守旧等情况发生。

谁能想到，一个成绩优异并且熟练掌握课程知识的孩子，事实上处于被耽误的状态，没有完全发挥自己的能力？一个最有希望获得成功的年轻人结果失败了，这是一个极大的悲剧。

从长远来看，我们必须考虑到在生活中轻轻松松就能获得成就会对学生造成哪些不良影响：他们把取得成绩当作奖品，习以为常，以为付出最小的努力就能成功；他们开始变得不重视学校，不把它当作一个学习的地方，忽视了自己的天赋，能力得不到发挥，在生活中籍籍无名。他们的成就远在真实的能力之下，只是达到“有教无类”的要求下学生达到的平均水平而已。

作为一名老师，你可以为你的课堂带来什么，从而照顾到尖子生？这是一个必须要问的问题。尽管被要求按照课程安排来教学，但教师依然应该在课堂上自由地表达自我，运用各种各样的策略来吸引学生的注意力，让他们自己选择如何来表达已经学会的知识。有创意的老师会使用一些“自由发挥”的方法为学生开发新的教学素材。老师通过更多地了解自己在课外的知识、经历和才能，可以更方便地利用任何可能出现的时机，将之作为一个机遇，来教授学生新的知识点。除了你个人带到课堂上的能力和才能之外，你手头还拥有其他的资源（物质和人力资源）。花点时间想一想，你当前使用的学习材料可能会更好地帮助到你的尖子生，满足他们的学习需求。你的教室里有哪些资源有助于尖子生的发展？你的办公室里有哪些资源有益于尖子生的发展？你的生活中有哪些资源有助于尖子生的发展？你身边有什么人力资源可以帮到你？首先家长是一个有效的资源，还有其他老师、社会上的其他专业机构等。我强烈地感觉到，如今的老师们只靠自己是不能把学生教好的，特别是在同一个教室里因材施教的过程中。与家长一起合作，让家长分担培养孩子的天赋知识这一责任，可以让老师们既兼顾平均水平又不耽误尖子生的学习发展。在时间匮乏的情况下，帮助尖子生的一个重要方法是，找到其他与之拥有共同志趣的人。想想有哪些可能性，你可以找谁帮忙？

老师可以为尖子生提供什么支持？用你的热情来鼓励这些学生，寻找资料来满足他们的好奇心，分享他们的快乐和成就；私下里，指出他们的强项、才能和能力；表现出你重视他们，把他们当作独立的个体来对待的态度；寻找学生所热爱的事物，鼓励他们发展自己的爱好，在擅长的领域发挥作用；询问他们的选择，鼓励他们拓宽和拓展自己的想法；鼓励他们冒一定的风险，勇敢面对挫折和失败；在课堂项目中，把他们进行分组，让他们可以彼此互相学习；尽可能地给予他们适当的激励，安排他们学习某个高年级的科目，或是帮助他们的家人构思课堂之外的活动和研讨班。

越多的学生能够独立钻研，你手头上的时间就越宽裕，越能够去开创与课程相关的不同学习途径。为了学生，要思考策略，运用组织技巧及时完成工作。

老师可以利用所收集的资源，汇集多种多样的学习材料和媒介，使学生有广泛的学习选择空间；针对课程单元创造激发学生兴趣的因素，甚至还可以找到一位愿意提供帮助的家长，或是一位朋友，他们的特殊才能可以为你的学生的探索开创一个新天地。

一个实际可行的方法是，把重心放在课程中本身可以扩展的那些领域，在这些方面，只需要多花一点时间去计划，你就可以为那些有需要的学生提供更多的选择。引导学生去读一本难度较大的书，无论是在教室还是在图书馆，这是一个范例。凭借有创意的策略，激发比较开放的思维过程，或是鼓励用不同的方式来运用资源和材料。在一个单元教学中，你一定有机会为尖子生开创新的方式来运用他们的才能。照顾尖子生的指导原则是，尽可能地照顾到他们的需求、能力和兴趣。希望老师学会精简课程、独立学习和分层教学的策略，找到吸引人的材料，把重心放在基本且重要的内容上，运用开放式的提问。

为尖子生创造更多的选择，这通常是从教室开始的——不仅仅是对教室的物理空间和资源进行调整，还包括调整学习的氛围及班级文化。可以从以下三个方面来对教室做出调整：

一是物理空间——在空间内最重要的是哪一部分？视觉刺激（美术、海报、壁挂、色彩、模型），学习中心（话题、学习方式、兴趣、主题），展览和陈列（地图、科学项目、艺术作品），座位安排（整个教室、小组、独立研究），人人向往的幽静去处（有靠垫和沙发床，方便安静地阅读和思考）。二是日常活动——什么活动有益于培养学生的团队精神和营造归属感？每日提示（引用的名言、笑话、谜语、非同寻常的事实），音乐（世界上最受欢迎的音乐家、作曲家、乐器），学生分享（奇妙的故事、个人爱好、令人惊叹的瞬间），学生责任（清洁、保管、教室安排、礼仪），活动（从整个班级到小组、扩展活动、独立作业）。三是氛围——什么样的沟通和行为能够给学生创造一个良好的氛围？明确的期望（步骤阐释清楚，评判标准记录清晰），针对新课程设置的学生感兴趣的激励环节（跟现实世界相关联和有创意的活动），鼓励与尊重（冒风险得到赞许，批评得到阻止），积极正面的同伴关系（根据兴趣或能力将学生分组，禁止欺侮弱小），家长参与（家长提供帮助，并且为尖子生提供指导）。

学习是有关联的。从学生的生命早期开始，所有的孩子都与他们周围的环境建立了一种关系，并且从中学习——他们生命中出现的人，他们在家附近探险过的各个角落，他们见过或照顾过的动物，他们用旧了的或在上面乱涂乱画的书等。在生命中，这一活跃的过程一直进行着。尝试将学生的兴趣、生活体验与学科联系起来，能够做到这一点的老师，对学习的关联性最有体会。

当然，还有一个很现实的问题，帮助尖子生的最大“障碍”之一就是，老师对其他学生的责任。当我们去照顾这些尖子生的时候，谁来照顾其他的学生？答案是，你可以通过灵活的安排，做到两者兼顾。老师可把重心放在你可以提供的选择上，因为尖子生对有创意的选择感兴趣。

关注尖子生还需要教师在一个教学单元中帮助尖子生筛选知识点，将已掌握的内容摒除，再设计可选方案。这样他们可以跳过不需要的学习，通过更适合的学习模式，把精力集中到他们的不足之处，继续拓展他们的优势。还需要老师在一个教学单元中策划多层次的教学，让尖子生做难度较高的作业，并可以前往下一个较难的层次学习。还可以建立一个学习角，把它作为一个资源来为尖子生服务。老师通过创造性思维和艺术的方式介绍一个话题，可以使一堂比较普通的课变得富有想象力，可以使学生以一种更具创意的方式做出回应。

另外，可以让才华相似的天才学生一起合作，他们互相分享想法和兴趣，即小组学习。可以使他们全心全意投入学习中，钻研、策划、创新，发挥他们想象力的全部力量，即独立学习。当然，也需要导师辅导，这会带来最佳效果。

最后，我想解读一下分层教学的内涵供大家思考。分层教学，是一种教学策略，也是一种教学模式，更是一种教学思想。它强调学生的个体差异是一份宝贵的可供开发的教育资源。它包括学生分层：不单纯以成绩为依据机械地划分，而是采取综合能力评价、动态分析、多元分析等方法科学分类。目标分层：依纲扣本，结合学生的实际，针对不同学生的认知差异，制定适度且有层次的教学目标。备课分层：根据实际情况分层备课，拓展学习资料，循序渐进、由易到难、由简到繁；激起每个学生的学习兴趣，使之真正成为课堂的主人。评价分层：关注学生学习的过程而非结果，进行激励性评价而非竞争性评价，横向评价与纵向评价相辅相成，确立不同层次的多元评价标准。如此，才能做到尖子生与落后生都被照顾到，都能得到最佳发展机会。

第四辑

思辨通往卓越

“生成的理念”才能让学校焕发生命力

最近，一位学生家长告诉我，学校换校长了；以前学校开设的某些校本课程被取消了，取而代之的是更新了的其他类型的课程。学校开设哪些校本课程并不是问题的焦点，只要这些课程都是优质的、学生喜欢的就好。关键问题是以前的有些课程已经在该校开设好几年了，学生从低年级起就持续跟进这些课程的学习，已经对该课程产生了浓厚的兴趣，形成了良好的基础，但是因为校长的更换，导致理念与课程的改变，学生喜欢的课程因此停止。这才是根本的问题。

上任校长之所以主导开设某些校本课程，自然是基于学校的文化与校长的办学理念，基于学校育人目标而选择的。新任校长之所以改换某些课程，可能也是基于这个原因。就两位校长个人来说，都没有问题。但是因为校长理念的更替，课程随之有了更新，有些学生就不得不放弃自己坚持学习了多年的课程，重新选择其他课程，从而导致兴趣丧失，能力与素养得不到持续进阶，这影响了学生终身志趣的养成。

我也经常听到有些学生与我交流，说他们在某个小学学习的诸如京剧课程、武术课程等、排球课程等，到了初中就没有了，他们想继续学习，却没有了机会。这是因为小学和初中的育人理念和育人目标没有有机衔接，每个学校和校长均根据自己的学校情况和教育理念开设校本课程，从而中断了一些学生喜欢的课程。

以上两种情况，让我思考一个事实：一切课程与教学、制度与运行、教师与学生发展、文化与环境构建等，都应该是某一特定理念统领下的产物和表现。固然，理念是学校追求高品位发展的佐证，是学校文化发展的一条可行之路。但是，当学校换了校长，新校长是否理解或认同前任校长的理念？不同学校之间校长的理念是否能够交流融通？这是目前多数学校遇到的尴尬问题。于是，学校曲折发展、缓慢发展，甚至雷同发展，就成了学校持续发展过程中的常态现象。

更为严重的是，我发现有的学校理念与学校文化展现不相匹配；有的学校理念不够系统，概念阐释得不够科学；有的学校理念只是词语的累加，而且更迭频繁；有的学校理念是少数人的作品，甚至是广告公司的“杰作”；有的学校理念跟不上时代发展的步伐，视野狭窄、思维固化、陈旧乏味。当然，我之所以罗列上述现象，并不是不认可每所学校的理念营造，其中的确也有一些闪亮的、值得学习的东西存在。我的目的是提出一个命题：理念是搜集现成的，是在实践前就定好，还是应该在实践与领悟中诞生？我之所以提出这个命题，还是因为担心学校育人目标与课程实施的问题。如果没有可资继承的文化传统与办学理念，换一个校长就另起炉灶，或者盲目标新立异，持续跟进的学生课程就难以得到保证，育人效果自然会大打折扣，就会影响学生的全面发展和个性成长。

在与一些校长沟通的过程中，我发现，他们都会首先谈到理念问题，然后才谈到制度、教学、课程、教师、学生等。为什么会这样呢？我认为，这是必然的，这是新时期校长的文化觉醒。一所学校、一名校长如果没有清晰、先进、适合学生发展的理念，这所学校就必然缺乏灵魂，就不知道往哪儿行走。在没有明确理念的学校里，一些行动必定是零散的，是阶段性、低层次的。而真正意义上的学校发展，应该是在继承传统的基础上不断创新，应该是在创新的基础上不断修正、积淀传统，最后把一些体现理念的活动、仪式、符号、组织、制度、课程、气质等形成匹配自己学校特质的文化。而且这些文化始终是在一种理念的影响下自然生成的，是学校所有教职员工思想中流淌出来的价值观和行为文化。

当一所学校拥有了这种意义上的文化，它便是独特的，它就有可能拥有自己整套的习俗、积极的道德观念和独特的道德规范，就能成为成熟的学校，就能全面、和谐、可持续地发展。可见，只有生成的理念才是最有生命力的，它可以让学校不因人和环境的改变而改变，它使这所学校永远是一所好学校。

常听到一些离任校长向我倾诉，说他在任期间的理念被新任校长否定了，感觉很可惜。也听到一些新任校长向我诉苦，说上任校长的理念不好继承，他需要重新构建新的理念。我告诉他们，被否定了，是因为你们并没有继承你的那些前任校长们和老师们一起积淀生成的理念；不好继承，也是因为你们没有挖掘前任校长们和老师们积淀生成的理念。

我不否认，搜寻一种现成的先进理念，让它来统摄学校的一切，是学校文化发展的一条可行之路。但是，我更认同去捕捉这些生成的理念，因为它们是学校发展的自然产物，是从教师思想中流淌出来的真情实感。学校发展理念在发展前出现还是在发展后出现，其语言是美妙的还是富有哲理意义的，都显得不是那么重要。关键是学校思想与行为的自然生成，这才是学校追寻文化发展的真谛。这样的学校不会因为人事变动而发生变化，它会永远发展。这是校长进行学校文化建设的基本功。

当下，有些学校的教师对学校文化建设和课程开设均缺乏发言权。改革者为老师们提出了具有强烈色彩的新理念、新要求、新规范、新方法，但是老师们无法为自己的行为提供属于自己的理由，他们不得不等待他人为自己完成解释。这种等待、这种外在强力作用不可避免地就造成了学校文化话语的贫乏现象。其结果自然也会是一个学校内换一个校长就有一个理念，换一个校长就有一种做法。

学校课程是否与学校历史传统下的育人目标和核心价值观相匹配？这些课程是在学校自由研究的状态下自下而上生成的，还是校长自己理念的自上而下的产物？其实我想表达的真意是，这种现象是教师真正理解学校积淀的文化和生成的理念后的课程改革自觉之举，还是学校一时的行政推行产物？是充分尊重教师话语权和学生成长选择的课程，还是人为累加的外在力量下的课程？

只有当学校课程在更换校长之后仍然成为学校的常态文化现象，上述追问才有真正的答案。而这些答案正是当下和今后学校优质均衡发展的关键之举。这是教育高质量发展的文化源泉，只有做到这一点，学校才能焕发无穷的生命力。

教育真相都是朴实的

雷夫·艾斯奎斯，美国洛杉矶市霍伯特小学五年级教师，在此我不想论及他的诸多荣誉，也不想人云亦云他的伟大。在真正亲听他的报告之前，我已经拜读了他的专著《56号教室的奇迹》和他在中国北京十一学校的演讲，认真学习了各大媒体对他的精神和智慧的解读。

在大家纷纷赞扬和感叹他的执着、敬业、奉献之精神和在56号教室里创造的奇迹时，我却发现雷夫其实是一名普通的教育工作者，从他身上我感受到更多的是他的真实。教育规律和情怀是不分国界的，我从雷夫身上发现了教育的真相。

教育需要可以真正看到学生的老师，雷夫做到了，而且他在一间教室里一坚守就是二十年。他表示还要继续坚守下去，我为他的坚守而感动。在他的教室里，他用全部的心思，用他想用的时间和机会，去解读每一个孩子的故事，谨慎地呵护每一个小小的心灵，他用生命，身体力行地带给每个孩子温暖和尊重，他可以说是孩子生命中的天使！他从不抱怨，从不计较，有的只是热爱、宽容，是一如既往的追求与努力。他是教育领域里的圣徒，56号教室是他的教堂。

坚守是为了热爱。从雷夫与他的学生的故事中，我感受最为深刻的一个关键词就是坚守。他在一间教室里坚守二十年；他每天工作十几个小时，把周末和假日也都无偿地奉献给学生；他不怕失败，他信仰追寻的过程：这些无疑源于他对教育、对孩子，甚至是对自己的生命和生活的热爱。他常怀仁爱之心，认为孩子们需要他夜以继日地工作、创造、奉献，这个世界需要他的关爱，国家需要他去担当责任。

管理是为了自主。记得雷夫有不少经典的管理箴言：以团队形式，让学生学会合作，才能让生活更美好，一切活动、学习是为了更多关心自己的生活；我心甘情愿做5年级学生的老师，最强大的动力是为了孩子们获得公平竞争的机会；远足活动可以观察孩子们相互之间或遇到陌生人时如何交流，观察他们如何在宾馆里保持秩序，如何让自己的事情条理化，远足活动是检验学生做得怎样的更好途径；我希望孩子们友善待人，勤奋学习，这意味着我必须成为他们所见过的最勤奋、最友善的人，而且我必须始终如一。其实，学校之中没有多少惊天动地的大事，如把地扫干净、把操做好、把字写端正、把书读好、把人做好等，都是些平淡无奇的教育生活，但是就是这些平淡无奇的生活小事，往往蕴含着丰富的教育内容和运行规律。这就是雷夫身上表现出来的智慧：让学生是个什么样子，我必须首先是个什么样子。他独创的“道德发展六阶段”理论（第一阶段是“我不想惹麻烦”，第二阶段是“我想要奖赏”，第三阶段是“我想取悦某人”，第四阶段是“我要遵守规则”，第五阶段是“我能体贴别人”，第六阶段是“我有自己的行为准则并奉行不悖”），旨在培养孩子健康向上的人格，其实它的本质就是管是为了不管，孩子诚实善良的品质让他们学会了自主管理，学会了自我监控。只有给学生自由，学生才会创造出精彩来。

读书是为了体悟。雷夫发现，他所教过的那些后来成功的孩子，都有一个共同的特点：热爱阅读。雷夫说：“孩子们背着堆积如山的作业回家独立完成的时代，已经一去不复返了。今天这个时代，有太多的电子娱乐干扰物在分散孩子的注意力，阻碍他们成为优秀的思考者和阅读者。要扭转这种局面，教师必须清醒地认识到，让孩子爱上阅读是一项任重道远的工程，需要时间，因为孩子们不会立刻喜欢上阅读。”雷夫将阅读的主题和孩子们的现实生活联系起来，使他们从中受益。他建议老师阅读那些他们个人喜爱的伟大作品，他喜欢和孩子们一起阅读。他有一些关于读书的精妙论断，让我感受颇深：“我和孩子们阅读的许多作品，都可以教他们学会从不同角度思考问题。而我本人也是一个特立独行的教师。孩子们通过阅读和思考，会发觉‘与众不同’是理所当然的事情。”“读名著时，不是读里面的人，而是阅读我们自己……”“阅读不是读了这本书，而是这本书对他个人的意义。”

记得看过一篇博文《我的后宫，我的佳丽》，“后宫”就是这位作者的书房，“佳丽”就是他收藏的那些书、他阅读过的那些书。他说，那些“佳丽们”滋养、改变了他的生命，改变了他的长相，就像歌德说的“永恒之女性，引导我们上升”。苏东坡也说过一句话——“腹有诗书气自华。”的确，多读书，喜欢读书，人生中的一切都会变得那么自然、美好，读书让人自信、丰富，有无穷的奋斗力量。

课程是为了生活。为了更好地教育学生，使自己的教学更加有效，雷夫淋漓尽致地发挥出了自己的爱好和特长，开发了莎士比亚戏剧、电影、远足、棒球等课程。为了这些课程，他自己出钱，牺牲自己的节假日，不顾校长的反对，固执地做着自己认为正确的事情。

雷夫不断提到莎士比亚戏剧、音乐、艺术，好像这些才是56号教室里最重要的东西。在圣母大学读书的珍妮，时隔多年后，对56号教室仍念念不忘。“在最后一场（莎士比亚）演出时，我心里只想着一件事：要是我能让时间停止该有多好！”她在一篇文章中写道：“真希望我能够把那个晚上的所有感受都装进瓶子里，不论走到哪儿都带着它。”雷夫觉得“在一个所有事物早已被标准化的世界里，艺术让孩子们葆有独特的自我”，它能够以各种艺术的形式让孩子内心丰富、人格健全。这些经历将会为他们以后的人生提供很好的服务。他强调，在教育领域里，“戏剧本身不是重点，孩子们才是”。雷夫所做的一切，其本质是为了孩子们今后生活得更加美好。

美国诗人惠特曼曾经深情地说：“有一个孩子每天向前走去，他看见最初的东西，他就变成那东西，那东西也变成了他的一部分。”学校课程就是留给学生的弥足珍贵的“最初的东西”。美国学者杰·唐纳·华特士说：“教育的目的在于帮助孩子做好准备，踏实地迎向人生。教育应该鼓励孩子从生活中学习，同时以怀疑的态度检视那些不曾被质疑过而代代相传、一成不变的知识内容。”德国作家凯斯特纳说：“人的脑袋并不是身体的唯一器官。谁持相反意见的，就是在撒谎。谁相信这一谎言，那他通过各种考试之后，虽然成绩优异，但外表看起来身体已经累垮了，因此，必须经常跑步、做操、跳舞、唱歌，不然大脑袋填满了知识，却只是个残废人。”美国教育家杜威说：“既然学校生活是如此简化的社会生活，那么它应当从家庭生活里逐渐发展出来，它应当采取和继续儿童在家庭里已经熟悉的活动。”这些教育家的名言，就是对雷夫行动的最好诠释。

实际上，教育、学校、课程、教学、教师等相对于学生成长的所有因素，古今中外，其本质与规律无不一致。教育其实并不复杂，只是我们把它想复杂、做复杂了。复杂了，就远离了它的本质，违背了它的规律。学校必须有与其共生存、共成长的课程，这样的学校才是我们理想中的学校，才能留给学生“最初的东西”，让学生受用一生。雷夫不仅开发了许多特色课程，他自己本身也是一门丰富的课程。

说雷夫是一名普通的老师，是因为在我们身边也经常有这样的教师。比如我校的郑老师，热心于课堂改革，她独创的激情课堂已经形成自己的风格，凸显了自己的个性理念；李老师带领自己的同事和学生一起读书写作，已经坚持数年；刘老师具有创新精神，在运动会上喊出“输一起扛，赢一起狂”的口号，与学生一起狂欢、悲伤，打成一片；刘老师的“狼族一班”，演绎了一名女班主任的管理智慧和故事；赵老师假期里就已经把下学期的课备好，享受听报告、加班工作的乐趣；吕老师把孩子交给丈夫陪伴，自己却与学生一起学习、生活，主动承担学生公寓的管理工作；王老师退休后返聘，仍然奋斗在三尺讲台上，她特别爱学习，大胆探索“以诗解诗”教学法。在每一所学校中，像雷夫这样的老师还有很多很多。

他们都能创造性地领会学校理念和制度，以自己的创造力来引导孩子追求真正的教育目标，而不是舍本逐末地追求分数。他们用心陪伴自己的学生成长，用情经营自己的班级和课程。教育无捷径，真相往往是朴实的，这就是雷夫精神感动了那么多中国教师的根本原因。他离我们很近很近。

关于什么是学科育人的真实解读

我曾经在北京市海淀区中关村南大街30号院东联教育的“父母学塾”听了三场报告，现把主要收获与感悟整理如下。

第一场报告是王建宗老师讲的，报告标题是“以教育的内涵理解深化课程与教学改革的实践策略”，其中他对目标的解释让我萌发了同感。他说：“目标首先要具有可测性，第二是关键词应是行为动词，第三是目标应该是写给学生的。”他还解读了目标叙写上的误区：“一是以内容代替目标，不可检测；二是行为动词使用不熟练、不具体；三是行为主体常写成教师。”

他建议老师们多想想目标、多思考学习、多探索教学、多创新课程。他提出好老师一定是善于归纳的，考试考的是课标不是教材，要努力找到、找准课标考查的点。

第二场报告是数学特级教师吴正宪讲的。吴老师开场的发问值得我们每一位一线教师思考：“为什么同样的40分钟，同样的教学内容，同样年级的学生，由于经历了不同的学习过程，教育效果就不同呢？”

在聆听吴老师的讲座时，我思考了几个问题。有不同的观点才会有真正的讨论；课前要让学生发现问题，了解已知与未知，再进入课堂；数学教育要求真求实，指向心理体验；追求一个简单统一的答案不需要讨论，自主学习就够了；要求学生有准确答案往往不如尊重错误、接纳错误更能赢得课堂、赢得学生；要让学生经历探索过程，甚至是几次，在交流中发现规律。

我非常佩服吴老师关于数学文化渗透的观点：把看不见的思想过程形象地展现给学生。

她举了一个案例，很形象。当学习圆周率时，有的老师评价得出相似结论的学生像祖冲之，高度赞扬了祖冲之对于圆周率的贡献。而另一位老师却尊重历史事实，更加准确地评价了祖冲之。该老师首先说提出圆周率的第一人是阿基米德，接着介绍了我国数学家刘徽和他的“割圆术”，又接着指出祖冲之把圆周率精确到小数点后面七位数的成就，最后强调更有后来的数学家的呕心沥血才将圆周率推算得更精确。

这一客观的评价，给学生渗透了科学的态度和准确的事实，同时渗透了“化曲为直”“极限”等丰富的数学思想内涵。

吴老师还提出一个问题：失败了对学生有帮助吗？她举了一个关于爱迪生的例子。“当爱迪生找灯丝的试验失败了1000多次的时候，有人问他：你认为你是失败的吗？爱迪生说：我是成功的，因为我成功地发现这1000多种材料不能做灯丝。”因此，学生探究的失败应该是一种机遇，是走向成功的基础，我们必须宽容这种错误或者失败。

吴老师最后总结出一名数学老师的基本职责或任务：做教好数学基础的老师，做教出数学味道的老师，做教出数学品位的老师，做教出数学境界的老师，做教出人文精神的老师。

第三场是柳夕浪老师的报告，虽然内容有些深邃，但是对我触动最大，帮助我彻底理解了学科育人的内涵。

柳老师从学科育人“不是什么”与“是什么”两个角度阐述了“从学科教学到学科教育”的道理。

首先阐述“学科育人不是什么”。

学科育人不是介绍日常生活常识。将学科日常生活经验引进课堂，是为了促进学生对有关符号、概念理论的理解，促进科学世界与日常生活世界的连接，不只是为积累常识。

学科育人不是知识点过关训练。将学科课程目标窄化为知识点识记再现，教学过程成了知识点的梳理强记，这样反复再现看似效果不错，其实把大多数育人目标丢到了一旁。

学科育人不是简单地贴标签。应该让学生在过程中、在体验中养成各种素养。

其次阐述“学科育人是什么”。

学科育人是激发学生学科兴趣和学科潜质的过程。学生的学科潜质只有在丰富多样的学术问题挑战中才能被激发出来，学生会找到适合自己的学术天地和学术爱好，不再满足于生活在常识世界之中。

学科育人是挖掘、体悟学科符号系统内在意义价值的过程。每个学科都有自己的“模式语言”，如数学用数学建模和几何图形来表达，音乐以乐谱和旋律形式呈现等。学科育人的关键是使学生在学科符号与日常生活实际之间建立有机联系，逐步理解符号的内在意义，体验符号系统背后的思想观念和专业信念。真正掌握而不是记诵这套学科符号体系，这是学科育人的主要任务之一。比如，热爱大自然不是靠听老师讲的，是靠想象、体验和感受的。

学科育人是让学生学会像专家那样思考和解决问题的过程。让学生学习各学科，不是企望他们每个人都成为该领域的专家，但只有让他们经历学科专家思考和解决问题的过程，他们才能形成相应的思维方式，有效地面对未来。花时间引导学生深入理解若干关键概念及相互间的关系，让他们经历学科专家曾经经历的过程，体验相应的学科思维方式，这比 5 分钟就变换一个话题要吸引人，且更加有效。

学科育人是教学各环节、各方面随即化育的过程。主要是对上课、作业布置与批改、个别辅导、考试评价等环节以及学生编班分组、课堂规则、教室环境等方面，从促进学生健康成长的角度不断加以审视和改进，要善于捕捉时机，有效引导。课堂无小事，那些不经意的细节都有可能给学生带来终身影响。

学科育人是基于儿童年龄特征的有效引导的过程。

学科育人……

当然，学科育人的途径和方法不止这些。说到底，学科育人就是用道德的方式教道德，用科学的方式教科学，用去功利的方式教艺术……它需要教师以平和简单的心态、淡定从容的气质、一种凌驾于喧嚣浮泛话语之上的睿智与坚定投入教学中，从而使科学本质向学生打开。

学科育人不是育人的全部，却是育人的必要基础。所谓跨学科育人、综合实践育人，是建立在学科育人的基础之上的。

柳老师的观点让我终于比较清晰地明白了学科育人的本质与途径。

笔罢沉思，这些观点仍然萦绕在我的脑海里，久久不能散去。这就是学习，学习会让人思想更加丰富，会让人生命更加激越，会让自己今后的工作更加专业化、智慧化，从而享受工作、思考和实践过程的幸福感。

践行适合各个阶段学生的教育才是硬道理

有校长提出，初中教育眼下起码面临“四困”。一是道路选择之困。在不少人看来，小学可以生动活泼地抓“素质教育”，高中可以大张旗鼓地抓“应试教育”，唯独初中，却面临着若生动活泼抓“素质教育”学校就活不过今天，死抓“应试教育”又活不过明天的尴尬境地。二是教师发展之困。有人说小学教师的快乐能被人看到，高中教师的辛苦会被人想到，唯独初中教师的辛苦别人觉察不到。三是学校价值之困。初中教育在基础教育中理当承上启下，而现实的处境却是有点不上不下、两头受气。四是学生教育之困。小学生因为年龄小所以比较听话，高中生因为自我管理能力得到加强所以不需要教师耳提面命，唯独处于青春期的初中生向来不好管。

对于上述观点，我持相反态度。我曾经在纯初中学段的学校工作过十七年，接下来在一个“九年一贯制”学校做了五年校长，现在就职于一个“小初高十二年一体”的学校，对各个学段的特点与现象较为了解。

首先要说的是，现在仍然提出“应试教育”和“素质教育”之区别是不妥的，应该是三个学段都要搞“素质教育”，坚决放弃“应试教育”。小学可以抓“素质教育”，高中可以抓“应试教育”，初中不知抓什么教育，此命题是一个伪命题，是不懂教育规律的浅陋表现。教育就是教育，搞适合各学段学生成长规律的教育是我们当下和今后思考的主要命题，不能再纠结什么叫“素质”与“应试”教育了。

比如，我在纯初中学段的学校时，曾经主导进行了一项以“减负”为主题的教学改革，采用“倒逼机制”，不允许教师布置机械重复的课下书面作业，要求把自习课还给学生，任何教师不得无故进入教室补课。此举的用意在于把教师的精力和时间推向课堂改进（教师因不能占据学生的课下时间，课堂上便不得不采取“精心备课、精选问题、少讲多学、当堂反馈”的教学策略）。改革在当时取得了显著效果，县教育局号召全县各级各类学校向我校学习。

在“九年一贯制”学校任校长期间，我在以前教学改革的基础上，继续推行教学改革，走上了一条“专业减负”道路。具体做法是重新设计备课方式，创造了“单元自主学习指导纲要”“课堂学习指导纲要”和“双休日（节假日）学生生活指导纲要”。这三大学习载体可供师生共用，解决了学生课前的自主学习、课堂上的自主合作探究学习以及课下的生活问题，把学习的权利还给了学生，使国家课程校本化成为可能。教师的职业生命因此得以解放，读书、研究成了他们的生活常态。校本课程、综合实践活动、学生社团建设、志愿者服务活动等项目开始如雨后春笋，慢慢活跃在校园里。课堂教学、教师成长、课程建设、家校合作、学校文化等都实现了重塑。学校被评为全省中小学素质教育工作先进单位，很多媒体纷纷报道学校素质教育工作经验。学校也从此走上了品牌建设之路，省内外学习者纷至沓来。学校改革成果荣获教育部首届教学成果奖二等奖。

2014 年我走进了一所“小初高十二年一体”的学校，该学校正在探索“基于十二年一体的课程建设与育人模式变革”之路。根据学段特点，三个学段的改革全面开花。有些是分学段的，有些是三个学段同时推进的。比如语文学科的“个性化阅读”“学生大讲堂”“综合实践活动”“课堂教学改革”等改革项目在三个学段同时进行，选课走班改革在初中段和高中段推行。三个学段都有丰富多彩的活动和课程，比如高学段学生给低学段学生志愿服务、低学段学生到高学段教室参观，各有特色，相得益彰。学校每天热闹非凡，学生放学后迟迟不想回家。学校很快发展为全国名校，学习者络绎不绝，教学质量得到迅猛提高。

可见，小学、初中、高中三个阶段都能搞“素质教育”，关键是要摸清各个学段的课程、教学与学生的本质规律和特点，大胆进行各种改革与创新。上面两个或三个学段一体化搞改革的例子足以证明单独的初中阶段学校也能搞“素质教育”。那种不能搞或不敢搞的论调是不懂教育规律、不明白管理科学的表现，是不会搞也不想搞“素质教育”的借口。

至于教师发展之困，更是无稽之谈。教师成长的规律是一样的，怎么会有小学、初中、高中之分？读书、学习、研究、创新、改革等都应该是老师们发展的主要元素。小学老师每节课把嗓子都喊哑了，想尽办法让学生理解每一个问题，反复培养学生的每一个细节性习惯，这些辛苦谁看到了？小学老师并不像有些人说的那么轻松快乐。高中教师不认真工作，照样不被学生家长认同。我感觉现在的家长普遍更加重视初中阶段的学生成长，因为大家开始认识到青春期孩子成长的重要性。三个阶段教师的劳动各有特点和分工，不能以“快乐、辛苦”等标准来进行比较。快乐不快乐、辛苦不辛苦，主要不是在哪一学段的问题，而是内心感受的区别，真心喜欢自己的工作才是快乐的根源。之所以存在认为社会忽略初中阶段老师劳动的现象，肯定是因为有些功利思想在里面作祟。初中老师被小学和高中的教师数落，表明他自身工作做得不够，两头受气便是自然的事情。初中老师做好与小学和高中的衔接是自己的职责，不履行自己承上启下的工作任务，却感觉自己不被重视，这是失职的表现。

三个阶段的学生心理和生理各有自己的特点；三个阶段的学生管理各有自己的策略，也便各有自己的难点，只强调初中阶段难以管理的思想是不恰当的。

我长期从事初中学生的教学和班级管理，我认为，只要尊重学生，了解他们的人格背景，真心地爱他们，与他们一起制定规则，公平对待每个学生，初中学生并不难管理。很多家长说，你只要真心爱孩子，对孩子好，你的一切管理措施我们就都支持。对于处于青春期的孩子，只要采取顺应其成长规律的方式与之合作，理解他们，基于行动背后的原因采取教育方法，就能与他们成为朋友。如此，与学生们一起活动、一起读书、一起欢笑，何其快乐，怎会有难以管理之理？感觉初中学生难以管理的人，其本身就存在主观偏见。青春期的孩子是不能用控制的方法去管理的，需要教师自己转变角色。自己对了，周围的世界才会正确。

我曾写了一篇文章，题目是“学生，我灵魂的照妖镜”，说的就是教师如何面对初中孩子的问题。比如，我班一名学生喜欢写剧本，家长坚决反对，强迫她放弃写作而专心学习，孩子却以不学习来默默抵抗。我坚持做她的第一个忠实读者，并与其家长沟通，终于感动了家长。家长帮助孩子把剧本打印装订成册，学生从此开始努力学习。一调皮男生，老师们用尽方法纠正其不良习惯，感觉他总是屡教不改，但是我抓住了他的一句话“给我两年时间，我会改好的”。虽然该学生仍然时不时违反纪律，但是我发觉他在履行他的这句诺言，慢慢改变自己。学生的改变需要时间，因而我总是对他说：我看你两年后的样子。任何学段的学生都是有情感的，只要勇于走进学生的真实世界，他们的表现就会让你感动。

最后再次重申，应该坚决摒弃“应试教育”与“素质教育”之分的观念。在有些阶段能搞“素质教育”，在有的学段只能搞“应试教育”的说法是错误的，也是愚蠢的。不要再找原因与借口了，我们都应该积极行动起来，自觉地探索，勇于践行适合各个阶段学生的教育才是硬道理。初中教育“四困”之说是教育无为的表现，是教育者缺乏改革勇气和创新精神的托词。

让“低效循环”的教研管理远离教师

教研活动是教师的必修课，是学校最重要的常规工作之一。教师本应积极参加并从中受到启发，提升自己的专业水平与教科研能力，但不少学校的教师并不喜欢本校的教研活动，常常以应付的态度了事，甚至有些抵触。

我曾经见过几个学校的教研组计划，大体包括制订学科学期教学研究活动计划，撰写学期教研工作总结，配合教导处组织本学科教师完成教学常规要求，定期开展教研活动，组织教师学习教育教学理论等几个方面。

可以看出，这种教研组计划笼统，缺乏操作性，难以帮助教师实现专业成长。这样的教研活动还可能会给教师带来心理负担，甚至造成职业倦怠等不良情绪，影响正常工作。教研组应该如何发展呢？

一、从以“单打独斗”发展转到以“团队合作”驱动

教研组活动需要教研组成员共同遵守行为规范体系，在日常的活动中，成员要以本组制度要求为基础，共同备课、听课、评课，以及研究课程与教学问题。这些活动应该以教研组自觉的精神为前提，是教研组成员的生活学习方式。

长此以往，就会形成教研组文化。

自从进入学校开始，教师就离不开教研组的支持与培养。可以说，教研组是个人成长的沃土。比如，教研组集体帮助参加赛课的教师打磨课程；团队成员互相支持解决教学中遇到的困惑；团队分工合作完成科研课题，提高科研能力。一个优秀的教研组会帮助新教师迅速成长，独当一面。

我遇到过“单打独斗”型教研组。听课后评课时，大家聚在一起，嘻嘻哈哈，以恭维对方为主，说一些不痛不痒、对方爱听的话，成员之间不能开诚布公地评价，有问题不敢直接指出来，也不愿意提出建议帮助讲课者进一步修正。

我也遇到过“合作驱动型”教研组。记得我刚参加工作时，遇到了一个有优秀合作传统的英语教研组。通过参加教研组的日常活动，尤其是教研组的研究课活动，我很快适应了教学现状和学生的特点，学习到了课程与教学改革的新理念。

该教研组确定了研究课的操作流程：观察课堂上教学者的行为，寻找教学方法与教学间的联系；找到问题并形成假设；实施教学设计，完成教学反思。我刚走上讲台就参加了教研组的三轮研究课，让我至今仍受益良多。

第一轮研究课主要是确定教学切入点，初步尝试。通过交流开学第一周的教学，老师们普遍感觉课堂上师生间的合作、对教材中部分环节的处理等方面，出现了问题。于是教研组计划在第二周进行第一轮研究课展示，要求所有老师互相听课，交流，讨论教学目标和方法、学生学习习惯等。

第二轮的重点在基本掌握教材特点，整合策略。时间安排在期中考试后。教研组几位老师在集体备课的基础上，将最近的研究成果如实展现，并进行集体教研。

第三轮则聚焦把握教材特点，彰显课程特色。第二学期开学一个月后，教研组根据对期末考试成绩、学生和家长反馈意见等的分析，组织了第三轮研究课。在本轮可以看出每位老师已经能够熟练把握教学的目标、内容和方法，并进行创造性改进，形成了自己的风格。同时，越来越多的课程资源和学习工具被开发了出来。

三轮研究课，都力求真实，直指要义和问题，探索符合教材特点和学生认知规律的教学方法，促进教师的观念转变，鼓励教师个性化发展。在这个过程中，教师整合经验，相互借鉴，得到了锻炼和成长。

所以，我一直认为，当你遇到一个好的教研组，你会得到很多成长的机会，教科研能力也能得到快速提高。当然，完全模仿是不行的。首先要观察本教研组每个成员如何备课、评课、学习、管理班级，虚心向其他同事学习；其次要有自己的想法和做法。既要团结同事，又要有个性、有自己的创造性。这样，教研组就是一个强有力的团队，支撑着教师的成长和学校的发展。

二、从以“事务性活动”为形式转到以“人的生命成长”为核心

学校教研管理因缺乏真正有效的科学管理策略，缺少学校教研系统的顶层设计，仅仅看重结果，所以忽略了过程中对老师生命成长的引领，伤害了老师专业发展的自觉性与生命成长的主动性。也正是因为学校过于强势的教研管理作风、过于严苛的教研管理评价制度以及脱离实际、不专业的乱指挥，才出现了老师在学习交流中假展示、在当堂训练中假检测、在集体备课中假讨论、在教研活动中假研究等现象。

教育部在 2021 年工作要点中提出要“深化教育教学改革，进一步完善教研工作体系，加强教育教学政策研究”。我认为提出得很及时，它将指引学校在教研管理上进行改革创新，探求更加科学有效的管理机制。

学校要对教研组全体成员进行分析，了解团队的年龄、职称和学历结构，教学能力和管理现状，引导他们做好各自的成长目标与规划，这样才能帮助他们找到精准的研究方向。

在教研组整体规划中，教研组要注重引导成员找到自己的专业发展途径与方法，如加强理论学习，提高自己的专业理论素养；增强实践，提高自己的教学教研功底。同时，要引导他们明确自己发展的重点项目，比如，每学年参加两到三次研究课；每学期读五到十本书，每年写一两篇本学科专业论文；承担学科组相应课题的子课题研究，申报自己喜欢的小课题。

教研组则要注重课程建设与开发，指导本组教师做好课程规划，从课程的类别、目标、内容、实施、评价等方面全面设计，编制纲要；注重课堂教学创新，探索构建有特色的课堂教学模式，从课堂目标、问题设计、活动方式、反馈机制、课堂效益等多方面开展研究，力争全面提升学科质量。

教研组长需要借助教研组平台，积极组织教研组的各项活动，大胆改革创新，取得突破；同时要积极向学校寻求支持，鼓励成员走出去，努力争取参加名校教研活动的机会，拓宽视野，学习先进成果。

教研组团队的成员则需要规划自己的发展目标，树立自己的信念，找准自己学科的特点，积极按照自己教研组的建设目标，发展自己的专业能力，全面提升自己的学习与研究能力。

公开课、论文、课件、作业、试题、教学案等都是教研组老师的成长记录，以此建立完整的教研组成员个人档案，可以让成员不断明确自己的研究方向与研究特色，教学主张、课程特色、论文、专著等研究成果会源源不断由此生成。教研组每个人也会处于自由愉悦的状态，自然进入充满创造性的教育教学工作之中。

三、从以“利害评价”为目的转向以“信任评价”为愿景

2020 年 10 月，中共中央、国务院印发《深化新时代教育评价改革总体方案》。开篇指出：“教育评价事关教育发展方向，有什么样的评价指挥棒，就有

什么样的办学导向。”在主要原则部分强调，要“提高教育评价的科学性、专业性、客观性”。因此，对教学教研的评价方式的改革势在必行。

学校教研管理是一个复杂的系统，往往会因为任意干预导致意外结果，对结果的矫正又引发连锁反应。慎用与教师利害相关的评价手段，而是通过诊断、对话、协商的方式，把问题和信息反馈给团队与教师，作为其反思、调整、改进的依据和成长提升的重要资源，这样可以降低管理成本，激发教师内在动力。用“信任评价”的智慧用心做一个教研管理者，它会帮助老师、教导老师正确认识自我，会使老师的体验为源自心灵与使命的启迪所照亮。

比如，当走进育英中学密云分校，你会发现这里的老师们有高度的工作自觉性、主动性与积极性。学校并不做考勤管理，但是老师们很少有迟到或早退的。学校不检查老师的教案，不给老师的课堂量化打分，但是当走进教学区和办公区，你会发现老师们都像一只只忙碌的蜜蜂，在各自的“花丛”里飞舞着：在电脑上备课，在批阅学生的作品，在与学生交流，在讨论课堂里的问题，在准备上自己的研究课、去听同事的评估课、去参加学科教研活动……

这是学校抱着“信任”的态度对老师的工作做评价管理的结果。信任每个老师都有无私的教育情怀与高尚的师德师风，都有做好自己工作的自觉性与能力，都有创造的潜力与合作的品质。当你本着帮助老师提升专业水平的宗旨，理解老师的一些不足，以及为其营建发展的环境与平台，也就是努力去做解放老师的职业兴趣、成全老师的生命成长的事时，老师自由自觉的精神就会被唤醒。当他们身边的环境是公平的、安全的，充满尊重、认可的氛围时，他们就不再顾忌他人的评价，会专注地、忘我地投身到自己喜欢的事情上。即使以前不喜欢这件事，他们此时也会重建对自己事业的态度，实现自己专业人生的二次创业。由于“信任评价”文化的存在，各部门互相协调，沟通顺畅，各项工作因此都能和谐有效地运转与落实。这样，大家都能享受到教育创造的乐趣，感受到教研行为的幸福感。

总之，需要以整体性和过程性的思维，通过有效的活动安排，充分发挥学校内部教研组文化的诊断者、促进者和引领者的功能，提高教师的教科研能力，科学有效运行学科教研团队工作，促使其自觉走上内涵发展之路，让“低效循环”的教研管理远离教师。如此，方能全面提升学校教育教学质量。

教师学习“自组织”兴起背后有隐忧

自从微信群进入公众视野，它好像一下子就抓住了人们的神经。恋人不再执手相望诉说爱意，家人不再围坐一桌讨论家长里短，朋友不再攒三集五地谈天说地，就连同事之间交流工作也是用文字和语音代替。人人都在挥手振臂，摆弄自己的手机。

这个寒假期间，我竟然被众多朋友或家人邀请进各式各样的微信群，有家族的，有同学的，有同事的，有朋友的。这些微信群纷纷以各种名义约客，如××读书群、××创新群、××学科群、××研究群、××机构群等等。群主以约到更多的“同谋者”为荣，群员以被他人邀请为傲。

尤其令我惊奇的是，这样的教育群、教师群越来越多，看起来火得很，大有“燎原”之势，一个假期，我就被邀请进数十个教育微信群。为什么有人要建群做群主？为什么有人积极响应愿意进入这些群？这是自媒体时代的何种心态？是有利还是有弊呢？我难以用一两句话或几种观点解释清楚。

建立这些教育群，对于群主来说，一般有如下五种功能。一是推介自己的研究成果与实践项目：一方面想得到大家的关注，有更多的人认同并参与到他的项目中来，实践他的项目；另一方面想借助群友的鼓励和意见，促进自己的研究坚持下去和深度推进。二是一些教育培训机构欲借微信群发放通知，扩大宣传面，以取得更多效益。三是想寻找各地的志同道合的朋友，排遣孤独感，宣泄自己的情感，感受生命存在。四是真正聚集一些有学习力、有相同志趣的人，寻求各方力量、资源和机会，携手实现自己的教育理想。五是为了获取更多支持者，获取流量或点赞费、广告费等。

作为群员，加入微信群一般会有如下几种心态：一是享受被他人邀请的情感快乐，被越来越多的人关注的幸福；二是寻求因各种原因造成了心理荒漠却能寻找到群体的快慰感，寻找自己的虚拟知音；三是抱有各种猎奇心理或侥幸心态，发现自己需要的、能为自己所利用的成长中的贵人和可借鉴的经验，实现自己的专业发展蜕变；四是聚焦一个专题，寻求同伴的支持和帮助，实现自己研究实践的深度发展；五是想看看外边的世界，想领略他地、他人的生活现状与精神风貌等等，不一而足。

自媒体时代的发展使得思想的交换和资源的分享变得更加快捷，个人的理念和成果也能够得到推广和普及。通过教育微信群，教师的交流和专业成长冲出了学校的围墙，突破了教育行业的约束。

但是也要看到，教师微信群的兴起，暗示着当下教师群体的精神共象：不知道自己到底想要什么，所以都在向外寻找什么。而教师内心渴望的东西学校不能给，也不懂得给，因为学校要的是学生的分数，要的是老师听从指令完成布置下去的各项任务。

微信群代表的是线上的学习“自组织”，线下也有不少学习“自组织”。下面我说说线下学习“自组织”的一些情境。

甘肃的一位老师，来北京学习之际，专门抽出时间来拜访我。他告诉我，自己虽然只是一名普通老师，却带领着几百名跨县区的老师，经常在一起读书学习。但是，他遇到了一些困难：主要是一些教师坚持不下来，慢慢就放弃了，更大的困难则是不少人并不理解他这一行为。在辽宁省鞍山市铁西区，该区教育局负责人把全区喜欢读书的老师组织在一起，成立了一个“读书联合体”。还有一些教师，分别与我保持着联系，他们邀请我监督他们，给他们布置读书、写作与研究的作业，希望借由他人的关注、指导，使自己不至于因为懈怠而放弃了初心，不至于因为走错了专业发展方向而浪费了生命。

有时与一些同行交流，不少老师说他们从事多年教育工作后，不知道该怎么发展自己了，进入了职业倦怠期；不少校长总说他们的老师工作积极性不高，学习意识和创新意识差。我则认为不是这样的，是这些校长不懂得不同发展时期的老师们的精神需求，缺乏引领他们向更专业、更高水平发展的素养与情怀的缘故。

我经常听老师向我诉苦，说他们不敢在学校里看书学习，怕同事笑话自己。也有一些学校，每天在老师耳根前重复地说，要成绩，要分数，要名次，以至于老师们都不敢谈读书学习，误认为教师读书学习是不务正业。这是多么不正常的教育生态啊。纵观多数类似的学校，可以归结出两大原因。一是校长与干部团队不带头学习研究；二是只求分数的功利性情结在作祟，才致使学校文化与管理普遍缺乏教师自由自主成长的空间和机遇。

也有一些骨干教师认为自己虽有教育情怀与工作热情，却感觉多年来总在重复工作，感觉不到业务能力的提升，课堂教学总是稀里糊涂在匆忙中度过，不知道如何继续提高专业水平。学校和上级教育主管部门组织的各类培训很多，但是真正让他们感到很实用的东西并不多。理念是有了，但不会具体实施操作。

这是因为学校里面没有这方面的行家里手来引领他们、指导他们。现在，不少学校推动教育教学改革，过多地求助于外在的力量或资源，盲目学习效仿他人的经验或成果，但不会自觉进行校本的专业驱动和研究驱动。管理者缺乏专业素养，仅仅靠一些专家的讲座报告是很难推动教师专业提升和教育教学改革的。这就需要校长或教育教学干部首先成为一名教育教学专家，有能力对本校的教师进行专业指导，帮助他们制定专业成长规划，引领教师进行专业的教育教学改革与创新。老师们缺的是实际操作的有效方案，但现在的一些培训不接地气，甚至安排的培训活动过多过滥，影响了教师安静地读书思考的时间。

希望各个学校，真正沉下心来，从校长开始，潜心读书、学习和研究，让自己变得专业起来，成为自己学校的教育专家；精心组织基于课例研究的、教师乐于接受且易于操作的、指向与谋求提高教学质量和提升教育境界的有效校本研修活动；引领教师回归到课堂教学这一原点，用自己的生活体验与生命体悟，聚焦真实教学问题，探寻本质课堂创造，始终把学习植根于教学生活的真实情境之中。并且要长期坚持下去，而不是今年一个主题，明年又换一个项目；这个校长一个理念，另一个校长又一套改进措施，让老师们感觉不知所措，疲于应付。

为什么有那么多老师有如此多的烦恼？为什么在教育培训充实的今天，教师们纷纷向外寻找成长的组织和伙伴，诞生出如此多的民间“自组织”？这种现象值得每一个教育管理者和各级教育主管部门反思。

希望这些人真能有一种勇气和智慧实现“自专业”成长，探索适合“线上+线下学习自组织”的有效方式，敢于突破学校制度的框架，大胆地追逐自己的教育梦想，不断开拓自己的空间。也但愿各级教育行政部门和学校发现这种现状和现象，对新形势下的教师群体进行科学有效的专业发展和精神成长的引领与研究。

很多学校仍然在“原地打转”？

近期接到某地五所农村学校的课堂改革方案，基本状况如下：五所学校的课堂改革方案虽然名称不一，但具体理念和环节基本雷同。过多地累积理论，照搬概念，更多地关注外在的教学模式构建。备课和上课、课堂内外不能有机衔接，学案基本是习题的汇编。虽然引用了诸如“以学定教”“少教多学”等先进的教学理念，也尽力体现新课程改革倡导的自主合作探究等学习方式，但不见科学有效的操作评价方式和策略。奇怪的是，五所学校的方案都没有设计学习目标环节。可以看出，五所学校都缺乏课程观，缺乏基本的教学论知识，不能构建课程改革体系下的教学变革，没有通过改善教育方式、治理方式和评价方式来实现教师教和学生学的方式的转变。一些进步的教育理论沦为教育口号，却没有实践落地的环境和机会。

新课程改革已经倡导了十几年，为什么好多学校教育与管理仍然会原地打转，懒于变革或改善？为什么古今中外有如此多先进科学的教育思想和理论，如“因材施教，因类指导”“做中学，错中学”“生活即教育，教育即生活”“知行合一”“以学定教”等等，不少学校却对此视而不见或无动于衷，甚或说是无能为力、望洋兴叹？教育、课程与教学相互隔离，教育等于完成教学任务，教育只剩下做题考试，更是多数农村学校的办学现状。

出现这种现状，我们能够完全怪罪这些学校吗？显然这是不公平的想法。古德莱得的论著《一个称作学校的地方》中有一句话：“发生着什么样教育活动的地方才可以真正称之为学校？”我们当下的不少仅仅以应试教育为己任的学校能够称作一个学校吗？我想答案是否定的。

长期以来，课程决策权大都集中在课程专家和学者身上，课程政策的推行和实施主要依靠由上而下的行政命令方式，教师只是课程的实施者和执行者，却没有参与课程的开发决策权。即使现在有所改进，下放权力允许学校和教师研发开设校本课程，但由于教师水平较低、学校资金匮乏、校长干部课程领导力欠缺，工作很难开展，尤其是应试的压力、各级教育管理部门对学校和教师的等级评价，致使该项工作举步维艰。

我近期还走进过某地一所小学。首先走进了课堂，听了一位小学三年级英语老师的课。老师戴着一个耳麦，站在讲台上很卖力地讲着，暂不论其教学设计中诸如教学目标、问题设计、活动任务、评价反馈等要素是否合理、精准、及时、有效，单从耳麦里发出的声响灌满了整个教室看，就知道这节课是有问题的。我想，这位教师的目的，是让所有学生都能听到她的声音，听清她所讲的内容。但是，我再观察底下学生的表现时，发现只有一半的学生能跟上老师的进度，能与老师进行互动，而其他的学生则出现了如下状态：要么眼睛无神发呆，要么旁若无人地玩东西，要么趴在桌上休息，要么假装在听却听不明白，等等。很显然，学生的课堂习惯不是很好，学生的学习效果欠佳。学生的课堂表现折射出这位教师的课堂管理水平问题，以及教学理念与教学综合素养的问题。

下午，趁学生还没有返校，我走进教学楼里，发现了如下问题：教室里的桌椅很乱，地面上垃圾成片；教室内外张贴的东西凌乱不堪，好像很久不更新了；讲台旁边的一些电线都露在外边，楼梯口上面吊着的安全出口警示牌好像就要掉下来似的；一些墙面上、门上有不少脚印……等学生开始陆续返校了，我经过楼梯、大厅，走出教学楼，穿过校园直到学校大门口，却没有一个学生主动与我打招呼。学校大门口聚着不少学生，在吃各种各样的零食，地面上也有不少垃圾。

其实，我对这些现象并不感到奇怪，我见过不少学校是这种情况。奇怪的是，当我把这些问题向校长反映时，校长的表现与回答让我感觉很无奈。说到课堂老师和学生的表现，该校长说，学校年轻老师太多，大多数是80后，还缺少经验；女老师多，结婚、生孩子和喂养小孩占去了她们的大好时光，导致她们成长缓慢；班额太大，教师照顾不过来。当我提出老师的教案与课堂实际不符，问有没有二次备课时，她说老师们都写在课本上了。当我说老师的专业培训很重要时，她说学校的经费不足。当我反映教室里的情况时，她说不用我提，这些问题她都知道，因为不能给班主任更好的待遇，他们工作的积极性不高。当我说学生不能随便吃零食时，她反问我："学生在大门口吃零食不行吗？我们学校比其他学校好多了，大门附近没有小摊小贩卖零食。"当我提到发现了不少安全隐患时，她立即把分管德育的副校长叫过来，问人家为什么有这些隐患。接下来她又说了一些校长没有人权了、教师职业倦怠了、干部执行力不强了等他人的或外在的客观因素，就是没有看到所有这些问题其实都来自校长自身，来自她没有足够的教育情怀、教育智慧、责任担当，没有足够的思想力、学习力、专业力、领导力、反思力等等。

自以为自己什么都知道，却不去追求持续的成长，不系统思考学校各项工作，不规划学校发展的顶层设计与近期发展目标、中长期发展愿景，不把学校的各种困难问题主动放在自己的双肩上。

我以为，这位校长的思维方式与生存方式可以代表一部分校长，他们过多地把精力放在人际关系的营造上，喜欢听一些赞美的话语；把过多的时间用在了自己专业之外的地方，无法"沉下心、俯下身、探其中"去实践和研究课程、教学、教育、文化、社区以及教师、学生和家长成长等方面的本质与规律，探索提炼这些方面的可操作性的经验和方案。这可能会成为当下制约中国基础教育学校优质均衡发展的一个因素。

谁说学生没礼貌呢？就在这所学校，我发现一个小女孩拉着一个书包，因为楼道台阶多，她不能拉上去，我走过去帮忙，这个学生望着我，轻轻地向我说了声“谢谢”。从这个小学生的表现看，这里蕴藏着很多孩子的良好修养、品质和习惯，是学校把它们忽略了。

上述学生、教师的状态和环境的情形，无不与校长有关。校长变，老师才能变；老师变，学生才能变。千万不要把问题都归到学生自身的习惯不好、学生的家庭教育跟不上、留守儿童太多、教师没有进取心、上级领导不理解等外界因素上，这是不负责任、缺失担当的表现。

学校是一个大家共同学习、共同进步的地方，每个人既是教育者又是学习者。在这个共同学习的地方，校长占据中心位置，其作用并非是全知全能的一校之长，而应该是全校学习的表率。我们期待教师和学生做什么、怎么做，校长就应该先为他们做出榜样。校长是决定学校氛围的最有力的因素。校长自己应该首先是一名学习者。校长千万不要有认为自己不需要变成一个学习者，就像教师要求学生学习，却认为自己不需要学习一样。害怕学习会吞噬掉自己已经供不应求的时间和精力，或者无法克服一个障碍，就是认为如果学习会向别人表露出自己不强的学习能力和诸多不足，更甚者是怕暴露自己的无知、承认自己的不完善，这些都是不应有的观点。

我想，这位校长肯定是有这种想法的。我和其他专家在学校待了两天，这位校长以各种理由，如上级会议、处理问题等，仅仅参加了一次活动，还是在活动进行到一半时走进会议室的，其他各种研讨、讲座她都没有参加。这种专业性比较强的活动，如果校长不亲自参与学习，只安排或要求干部和老师认真学习，很多改进项目恐怕在此学校不好推行落地。

学习是生命的符号，校长与其他人一样被赋予学习的权利，但是太多的校长自我剥夺或被剥夺了宝贵的学习机会。由此可见，校长的专业化发展与生命成长任重而道远。校长喜欢找借口，干部老师就跟着找借口，也会影响到学生和家长。这样互相影响，学校的氛围怎么能够和谐上进？学习是我们对求知欲和价值感的终生表达方式，没有学习就没有创新，就不会产生自觉发现问题的意识，不会形成高水平解决问题的能力。

学校出现了问题，校长应该首先反思自己，虚心接受他人的意见和帮助，继而寻求方法与策略。要勇于改革创新，善于互助合作，主动承担责任，而不是怪罪外在的客观条件，怪罪他人。

校长这个角色不仅仅是一种职业、一项工作，它更是一种事业、志业，甚至是一种命业。新时代呼唤真正有事业心，有情怀、修养，有自觉、担当、奉献、牺牲和创新精神的校长。

当然，有很多有识之士看到了这些问题，也做了很多有意义的探索，但是这些尝试只是进程中的一小步。

我当然愿意乐观地相信，通过我们国家倡导的各种改革，能够解决现存的教育问题。但是，我也可以不乐观地说，没有一种改革方法可以解决所有学校的问题。

我期待每一所学校都能自觉地根据自己的条件，了解自己的问题，不再抱怨，主动寻找出路。我期待每一位教师，在改革中自觉处于更积极的地位，热爱自己的事业，激发自己的教育情感，专心致志地投入改善教育环境之中，因为只有教师才最了解教育现状，只有教师才能挽救教育。

最后，当然是最重要的，期待政府、教育行政部门和学生、家长之间形成真正的联盟。只有大家都认同存在的问题，诚心诚意通过教育改革解决问题，并把这个计划定成长期的而不是急功近利的方案，教育才能真正进步；大胆地实践进步的教育理论和实施课程改革，教育才能获得发展。

第五辑

遇见美好自己

生命需要温和而坚定

完成了一篇约稿，花了整整两天时间，周六、周日就这样被占用了。内心却很喜悦，因为在文字上跳跃的这两天，我仿佛又回到了多年前的教育战场。虽然我已把过去的事情封存了好久，但我永远不会忘记那些与我一起奋斗过的同事们。我们曾经为了一个伟大的使命，竟然敢于去攻打“教育减负”这一教育壁垒，或者说是教育难题。

虽然很难用一些词语来评价这项改革是否成功，但其精神与意义向世人证明了改革的可能性。因改革，家庭作业假象被撕裂，一些学习的真相逐渐显现，并自觉被纳入改革的视野之中。

2021 年 1 月 7 日至 8 日，全国教育工作会议召开，会议强调“抓好中小学作业、睡眠、手机、读物、体质管理”;2021 年 7 月，中共中央办公厅、国务院办公厅印发了《关于进一步减轻义务教育阶段学生作业负担和校外培训负担的意见》，这就为进一步探索家庭作业管理，寻找更加科学的导向、资源、途径和方式提供了信心与支持。

这也是我感觉喜悦的原因之一：当作业管理再一次被提出，放入全国重点强调之列，我感到了我们一直孜孜探索的价值与意义。

作为一名校长，我希望每一名教育工作者和家长，都从敬畏学生生命、挽救孩子的童年出发，以真正落实立德树人根本任务、培养德智体美劳全面发展的社会主义建设者与接班人为使命，自觉地从根本上重新认识整个教育领域的课程目标内容、教学方法方式、管理制度机制、政策改革创新等因素，彻底地重构作业观念。只有从社会、学校和家庭等各个领域，以整体的教育观念和系统的策略规划去开展教育教学研究与实践，我们的中小学教育生态才能得到彻底改变，学生减负的问题才会迎刃而解。

还有一件事让我喜悦：一名优秀的大学生与我交流了一个下午，她愿意听我分享我的经历，包括成功与失败。我与她以不同的方式互动，我说，她听；她提出问题，我回答；互相质疑，互相认同。

一个新时代的大学生，竟然对我的这些故事很感兴趣。本来不善言谈的她，起先不敢正视我的她，慢慢地与我双目相视，自然而然地畅聊起来。我们都有很多的收获。

我的喜悦仅仅源于一点，那就是关于我的故事能给她一点启发。我知道，我更需要向这样的年轻人学习。这位学生将来很有可能成为一名科学家，或者是一名领导者，我对她抱有很大的信心。从她谦逊的态度，从她对一些事情的反应与提出的观点，可以看出她的潜力。我给她提了一个建议，就是要有敢于“突破的勇气”，有相信“做好自己”的信心。

剩下的就是休闲的时间了。听着音乐，不知听了多少遍了，还是愿意听。回复着几个微信好友的信息，感觉到了价值观一致的妙处、互相信任与鼓励的力量。

我在简书上发了一篇文章，是我高中同学，曲阜师范大学教授、博士生导师王曰美为我的书撰写的序言，很短时间内就有不少朋友浏览并点了赞，阅读量很快就有 400 多次了，你说我能不喜悦吗？彼此在遥远的不同空间，却还能相互关怀，相互温暖，人世间的幸福就是这样不期而遇的。

突然记起“校长会”公众号转发了我的一篇文章——《优秀教师与一般教师的区别，在于是否读书，读什么样的书，怎么读书》。很短的几天里，阅读量竟然达到 15000 次，有十几家公众号都转载了这篇文章。有的标题是“优秀教师与一般教师的区别是什么？这位特级教师说透了”，有的标题是“想成特级教师，且听他来谈谈”。

我的著作已经第十次印刷了，马上又要加印。我的读书心得将被《现代教育报》发表。手头的书稿已修改完成。学校的运行很平稳，老师们都很勤奋，同学们都很快乐……

只要你的心是喜悦的，一切的喜悦的东西都会向你自然跑过来，不要都不行。最难得的是，我享受到了“老者安之，朋友信之，少者怀之”（《论语·公冶长》）的乐趣！

喜悦是一种态度，也是一种修行，还是一种慈悲、一种期待！

打开手机，收到一个老朋友的信息，邀请我去他那里散散心。感念遥远的人如此关怀，心里觉得软软的。我也给老家的一个同学发了条信息，说对他的教研文化建设比较感兴趣，希望他能总结一下发给我参考。他说现在在高铁上，回家后就处理。这样能够爽快应答的朋友才是最珍贵的，生命之间的融合与期待，给了我满满的人生体验。

昨天下午，和几个跨界友人畅谈。我说我有时有一种幻觉：自己开着车，在一条宽阔的、两边也很平坦的大路上，一直往前开，前面就是大海、森林、高山。旁边的朋友说我这是在享受孤独。我则说，这也许是一种内心逃避压力的感觉吧。

好了，就说到这里了。外边的阳光毫无保留地照进我的办公室，这是希望，因为太阳每天都会如此慷慨。那自己的心，也应该像太阳，去感恩一切的惠泽，向着远方那清晰的目标，一个人，开着车，义无反顾地去奔波、赴会。生命需要温和而坚定。

遇到这么多的喜悦之事，遇到这么多的同道之人之后，“价值”一词浮现在我的眼前。传统社会的关系网已经被不断撕裂，以价值分配为关系的新的链接正在形成，每个人都是一个节点，进行价值传输；而你所处的地位和层级，是由你所带来的价值决定的。

当我们认为“我能够对他人做出贡献”时，我们就会产生价值感，同时也会有更多的勇气，自己赋予自己各种价值。这预示着我们的身份不同了，也许自己的人生角色会有很大的转型。

随着生活、学习目标的更加清晰与执着，自己的性情开始更加温和，同时更加坚定了，似乎有一股强大的水流，从心底里冲击过来。我陷入一种自己终于回到原始大自然的想象，游散于宇宙中的生命力不断汇集于自身，带来了与过去截然不同的乐趣与灵感。

一个人越适应自然，生活就越快乐；一个人越追求简单，生命就越深邃。从现在起，用自己的智慧，在这个地球上，为自己创造一个天堂。

就像一个猎手以自然为家，饮山泉，宿野外，不避酷暑严寒，知道猎物何时以山脊上的坚果为餐、何时以山谷中的浆果为食；就像一个水手以海为家，能判断浅滩、辨别沙坝、识别天气、观察海底构造的变化。

我则会以教育为家，常读书、进课堂、研规律、成就人。知道自己的浅薄，因而不敢有丝毫懈怠的情绪；洞悉自己的短板，因而常怀不耻下问的勇气；理解自己的使命，因而永远遵循守正创新、抱朴求真的秩序。

新学期开学第一课，我常对全体学生说的一句话是：“每个人都是美好的。”我喜欢山川、溪流、泥土，我也喜欢空气、阳光、星辰，我更喜欢那些不知名的花草树木、鱼虫鸟兽。这些，皆是自然。其出没、轮回、交替，预示一种规范着天地间一切形式的神圣自然法则的存在，使社会生活与自然的力量和睦相处。道法自然，这是生存的基础；尊重生命，这是健康的基础。

当你惊奇于他人无穷的潜力与真实的智慧时，所有的力量就会蓬勃爆发；当你迷恋于忘我的专注与持恒的目标时，一切的困难就会迎刃而解！

好心情相遇深度的现在

今天是星期二，3 月 26 日，天气回暖，阳光灿烂。校园里的各种植物相继绿起来，嫩芽先后从土里冒出来，花着急地竞相开放了。大自然造就了不一样的物种，也就表现出各种差异。

但是，学校并不像这些植物一样，那么悠然自得地响应大自然的召唤，按照季节更替的规律展现自己的个性化风采。对于学校里每位教育者来说，学校里的工作大多数时候是吵闹的、激动的、烦恼的、没有目标的、不断发生冲突的。这些会影响教育者的心情，对于学校里的校长，更是如此。

一名校长，他的心情如何，比如是高兴还是烦恼、是平静还是愤怒，将影响到着这所学校里所有人的心情，自然也会影响到学校里的各项工作。

上几周，我就有些焦虑，在说话做事时显得有些着急，因此对身边的人变得严厉且要求高起来。他们看到我这样，均变得小心翼翼，并且还会在恰当的时机劝我不要着急，注意自己的身体。现在我反思了一下，觉得很好笑，是我的不好的心情，让周边的人也受到情绪感染，让有些事情变得看起来并不顺利；是我的愚蠢的表现，给大家都带来了麻烦。我因为心情糟糕，发现了很多本不算什么问题的问题，比如，拿其他所有的班级都向最好的班级看齐，拿其他所有的老师都向最高效的老师看齐，拿其他所有的学生都向最优秀的学生看齐，等等。是我忽略了教育和人的差异性。我忘记了这个规律性的东西，忘记了存在差异才会有发展和成长的可能性的道理。

今天，因为我的心情变得好起来，接连不断的好事情也伴随而来。上午，我在山东工作时教过的学生来北京出差，顺便过来看我，我们一起回忆了当初的生活。学生说："我记得您那时与其他老师不一样，总是有一些创新的活动。比如您带领我们班去黄河边的树林里野炊，与我们一起跑越野赛。"下午，我连续走访了两位语文老师的课，并与他们做了较为深刻的交流，只是多多地鼓励，没有批评他们或表达任何不满的情绪。我又找来两位年轻教师，进一步督促指导她们完成我曾经交代的任务。事情是这样的，我已联系好《现代教育报》的编辑，让这两位老师负责征集学校老师和学生的作品，并进行编辑，帮助老师和学生在报纸上发表。她俩感觉很难，找了些借口，比如时间紧张、文章水平不够等。我说这些借口都不是完不成任务的原因，是因为你们的工作思维方式出现了偏差，你们没有向我反映过这些困难或向他人寻求解决问题的策略。我知道年轻教师的成长需要时间、需要鼓励，我继续期待她们圆满完成任务。

晚上回家，我在学校班子群里发了两个通知：一个是通报班子成员三月份撰写的散记完成情况（每个月我都会催促一下）；另一个是本月末最后一周将继续组织干部读书论坛活动，每个人都要分享自己的学习心得。如果想构建一个学习型管理团队，学习与学习力是必不可少的。但是仅仅通过听几场讲座或浮光掠影地看几本书是不够的，我采取的措施是"以写促读""以写促研"，用学习的成果倒逼大家的阅读、思考与研究。

在我的观念中，好的学校应该成为一个"学习型社区"。在这里，成年人和学生一样，都是积极的学习者，学习对他们来说是特别重要的东西，因此，这里的每一个人都鼓励别人学习。我乐意在这样的学校里工作，在这里，学生、教师、家长和行政人员都有责任和机会参与决策，这些决策影响着校园里的所有人。我邀请一些老师做一些事情，其实就是给他们一个担任领导者的机会，让他们参与学校的一些决策。

这也要建立在相互信任的基础上。如果学校管理建立在信任的基础上，那么无能的、懒惰的教师就会被暴露出来。只有以一种与教师职业相符的方式信任、培养和尊重教师，学校才会健全、充满活力。

我愿意在这样的学校里工作，它有着高水平的共同管理精神，经常产生友好的个人交流和工作互动。我会对这样的学校生活感到兴奋，在这里，冒险的气氛得到慎重的维护，那些冒险失败的人也能得到保护。如果在一个学校里，人与人之间的重大差异受到赏识，而不是被视为要补救的问题，那么我不愿意离开这样的学校。学校应该乐于接受富有批判精神的人，如果如此，我会感谢这些为我自己和学校提出建设性意见的人。上午大课间，因为需要教代会通过学校里的两个重要制度，老师们都开诚布公地提出了自己的想法与修订意见，让这两项制度更趋完善与合理。

我想，我愿意在这样的学校里，我的同事们愿意选择留在这里，是因为我和他们都认为自己的工作，对别人和自己都重要。

心情的变化给了我一个重要的契机，我开始思考：如何让学校成为没有人想要离开、每个人都想再回来的地方？

这种心情的变化，以及相应的行为，源于阅读过万维钢的论著《学习究竟是什么》。在书中我碰到了一个新词——深度的现在，有些被触动。大体是这个意思：忘记时间意味着做事的时候不要考虑过去，也别担心未来，要专注于眼前。当你忘记时间、忘记自我，你就有了更多的计算带宽，你可以接受和处理更多的信息了。有好的心情才能做到这些。

有朋友经常向我提出一些问题，比如：你每天那么忙，怎么会有时间看书？你利用什么时间写书啊？你的那些观念和语言是从哪里来的？其实，用“深度的现在”就可以回答这三个问题。

最近我的生命状态是这样的：早晨六点起床，走在去单位的路上，一路不断地调试自己的情绪。我争取每天把情绪调整到尽量平和，做到说话不会太着急、太苛刻，多说正面的话，少说负面的话；多指出他人的闪光点，少点明他人的缺陷；多提些建议，少说些意见。

对于时间，我是不计较的。我一直有一种观点：工作与生活不能隔离开。在我这里，工作就是生活的一部分，生活里也有工作的注入，两者之间要自然地建立某种联系，形成协同，产生共振。

因此，我是自由的，每天的各项活动不会受时间的限制，我能驾驭我的时间。来到学校，首先走进教育教学的真实场景，第一时间出现在师生的视野里，体验师生的勤奋与付出。八点，我会听取教育服务中心对昨天工作的诊断汇报，接下来我就会走进教师的课堂，去走访学习老师的一些经验，或与老师们当场交流，提出自己的一些建议和意见。我有时会听完一名老师的教学，有时会接连走进不同学科或年级的老师的课堂，听取一个片段。回到办公室，我就把这些收获记录下来，形成课堂观察报告。完成后，我会读读书，看看微信里的一些好文章。我办公室里的书很多，我愿意看什么书就看什么书，全凭当时的心情与需求。下午五点半，我就到教学服务中心，听取主任们关于今天听评课、参与教研等活动的情况汇报。

等老师和同学们都离开了学校，我就步行回家了。吃完晚饭，我会继续读书和一些好文章，修改书稿，写一些东西。晚上十一点前准时上床睡觉休息。第二天依然如此。我认为，这一天，我是自由的，自由地做了一些事，忘记了时间，忘记了自我，过得很“深度”，心情很好，因此也就解决了上面朋友问我的几个问题。

双休日，除去不再走进老师的课堂，参与老师的教研学习等活动之外，其他事情照旧。读书、写作、思考，当然，还加上了散步、喝茶、会友等等。散步时想的、喝茶时谈的、会友时聊的，自然还离不开工作。

你说，工作能与生活分离吗，尤其是能与享受分离吗？我觉得，这就是人生的享受啊。世界给你自由的空间、时间，给你无比丰厚的资源、平台，你为什么不抓住呢？不如专注地获取一些有用的信息，并且激发出自己的一些独特观念，构成自己的学习系统与生活模式。

要想干事，就需要去除时间感，忘记自我，如此，才能找到自我。消除紧张感，充分利用好时间，从而获得丰富的信息，那么做什么事也不会感到费力，而且会有强烈的愉悦感。

这可能就是老子所说的“无为而无不为”的境界吧，能够专注于一件事比什么都富有。还需要继续修炼，这是一生的功课。

把现在过深度了，比梦想未来的深度紧要得多。说句深刻的话，没有今天的深度，就不可能有未来的深度，更没有未来丰富的享受。自由由心情决定。

内在的重建是多么重要

2009 年 11 月 27 日，我曾经在清华大学参加中小学骨干校长培训，得知自己将要被评为“1+1 教育博客”的“博客之星”（博客刚刚兴起）时，不免怀疑为什么幸运之神会降临在了我的身边。

随即想到了原清华大学校长梅贻琦在 1931 年的就职演说中提出的一句话：“所谓大学者，非谓有大楼之谓也，有大师之谓也。”如今身在清华，“自强不息，厚德载物”的伟大精神深深感染着我，我终于感悟到了“无”的禅意，同时也对《陋室铭》中的“山不在高，有仙则灵；水不在深，有龙则灵”有了顿悟。我、我所从事的基础教育，又何尝不是如此呢？

上小学前，我一直没有机会上幼儿园，其实那时想上也没有。我还身患“气管炎”病，差点死过好几次，要不是父母悉心照料，不放弃我这条小生命，我是活不到今天的。话好像有点沉重，但是我想表述“无”的意义。

记得上小学时，我还是一个欲说还“羞”的孩子，胆怯得很，没有一点男子汉的气概，以至于父母担心我长大后会找不到媳妇。但是不知为什么，我的启蒙老师硬要让我当班长，我的民主选票还是全班最高的。这可给我出了难题，我连与人说话都会脸红，怎么管同学？那时的同学可是调皮得很！

但是不知为什么，同学们见我非常以身作则，他们竟也悄悄地以我为榜样，不再那么胡闹了，有的竟然还邀请我特别管着他点。真是无言之教啊！

上了中学，老师看上我了，觉得我是掌管教室钥匙的材料。为此，每天早上，我得醒好几次，抬起头看看屋子里的光线，判断起床的时间——那时家里还没有时钟呢。可不能让同学们在外等很长时间啊！下雪天，因为雪映得天很亮，我就赶紧起床，“连滚带爬”地跑往学校，但是常常要等很长很长的时间才见同学陆续来到学校。原来我早起了将近两个小时——这是我现在的估计。

上了大学，班里男生少，班主任选我担任体育委员。我刚开始喊口令的声音是很小的，同学们都笑话我，根本不听我的指挥，班主任老师看见这种情况，一句话没说就走了。我终于开始有了怒气，使出了平生的力气，大声喊叫着，同学们都“害怕”了，乖乖地任我“摆布”。从无到有就是这么神奇。

当了老师，我亲历了学校的教育现场，感觉到教育出现了问题，以至于我们很多人在喊教育必须回归。教育为什么只剩下了“做题”，变得如此目光短浅？教师和学生的负担为什么越来越重？这说明教育到了“无”的境地。于是，为学生和老师的生命成长着想，为他们的终身发展负责，我倡导了“零”作业下的教学改革，目的就是给师生减负。为了实行这项改革，我曾经得罪了不少老师：我通报他们的“违规”行为，找他们谈话，收起他们布置的作业。我深信，走低负担高效率的路子是对的，走让学生全面发展的路子是对的，只要坚持，他们会理解的。

没想到的是，这种断绝其“有”的行动，引发了学校和教师的一系列教育行为的变革，使教育教学得以重新建构，教育回归到了关注人的生命成长的道路上。

2014 年 8 月，我由山东调往北京工作。2016 年我被派往北京市密云区担任密云七中的校长。在这里，我又遇到了不少人，有成年人，有孩子们。

我强烈地感受到他们对我的信任与依赖，我也察觉到他们的无奈与徘徊。我不知为什么会吸引了他们到我身边，据我自己猜测，也许是因为我有安静的灵魂，有简单的心灵，有能够自我修复的强大精神。而他们，却缺乏这些人生自我修炼的要素，一旦遇到困境便不能抽身，如深陷泥潭不能自拔，发现我这根救命稻草就成了他们眼下的大事。

有不少学生家长经常向我咨询如何管教孩子，督促孩子保持持续的学习动力；如何与孩子沟通，让孩子遵从自己的意愿。我总是说："你们应该与孩子一样，好好学习，寻求再次成长，以身作则。不要轻易打扰孩子，在孩子身后，远远地期盼着他的健康成长。与孩子进行心灵的对话，不要过多地关注他的物质欲望，而多关注孩子内在的精神需求，引领他的价值追求与人生意义。"

让我烦恼的是，有几个离异家庭的孩子，他们不想参加一些健康的社团活动，男孩学着抽烟，沉迷于游戏；女孩开始注重化妆，描眉画眼。是父母的行为影响了这些孩子原本纯净的心灵，孩子用极端的方式在对抗着什么，他们缺失一种真挚的爱，也许他们根本就不买账当下所有人给他们的爱。他们真的需要内在的重建，到底怎么帮助他们合适呢？这已经成了一个社会问题，更是学校德育工作的一个难题。

家长、学生如此，老师又何尝不是呢？在不少学校或地方，我经常听到校长抱怨，说教师年龄一偏大，尤其是晋升高级职称后，就不思进取了、不愿意多做工作了，推动课改就有阻力。而最近与一些老师交流，他们却说学校内的制度不合理，学校缺乏激励教师成长的机制，充斥着一些不利于自主学习、主动作为和积极改革创新的负面能量。似乎每个人都在把问题推给他人，过于关注外在的环境对自己的影响。

其实，大家想一想，教育教学工作是很复杂的，过程中自然充满了困难与困惑，我们的职责与任务就是解决这些困难与困惑。困难不应是抱怨的对象，而应是成就自己的一种资源。我一直崇尚这句话：自己的内在不重建，不可能去影响和改变他人以及周边的世界。

有些老师本来喜欢读书，但是因为不能坚持、因为懒惰、因为受学校某些不健康的生态感染，便失去了动力与勇气。想读书的欲望与始终懒得行动的内心冲突折磨着这些老师们。可是岁月不饶人啊，一晃十年、二十年就过去了，空留下一些遗憾与后悔。一名教师，没写几篇真正属于自己研究领域的文章，不会做研究，没有形成自己的成果与产品，却深陷抱怨或等待中，何其可叹啊！

我一直认为，教师这个职业是自由的，表现在教学自由、研究自由、思想自由等方面。但是外在世界把一些老师绑架了，让他们变得浮躁，不再内心安宁，过着如多数人一样的痛苦生活，说得不客气一点，是过着孤独而庸俗的低品质生活。

很高兴有不少教师吸纳我为他们的读书教练。是的，成长的路上很孤独，需要同道者的陪伴。如果你身边有，那就抓紧时间勇敢地去约吧，一起阅读，一起思考，一起分享。如果身边没有，你也可以找到远一点的读书教练，相互约定，一起成长。

究其实，只要自己的内在得以重建，稳住自己的内心，去勇敢地打开一本书，不读完它就不读第二本，然后开始写一篇文章，找到自己擅长的研究领域，直到出版自己的论著，真实的自己就回来了，向光的生命就辉煌起来。这才是一个完整的老师的样子。

这两篇相隔七年的文章，一篇是阐述自己内在的变化怎么影响了外在的改进，一篇是阐述他人外在的变化怎么阻碍了内在的改善。其实，我的目的是通过对比，让大家都能重建自己的内心，不再过于依赖外在的东西。

只要有一颗超脱自由的心灵，过一种时刻思考学习的流动生活，就会由“无”生“有”。只有“无”了，才会有“有”的机会。心中有“无”，就可以无坚不摧；心中有“无”，就有新的起点。

在教育的旅途中，不断修正自己的主观与偏见

“在旅行里，修正自己的肤浅跟主观，明白自己和这个世界的关系，才是好的旅行。”《尼泊尔很美》一书中的这句话曾经深深地打动我。

为了追求理想的教育，更广泛地验证自己多年的实践主张，我于 2014 年 8 月从一所农村学校跨进了京城的一所名校任教。从农村走进城市，意味着脱离了一个世界，又进入了另一重世界。

在我正式上岗之前，新学校的领导和同事都善意地提醒我：这里的孩子视野开阔、思维活跃、个性鲜明、自我意识强，你不要太着急了，要慢慢地了解他们、小心地适应他们。

其实我是认可这些提醒的，我带着一种试探与谨慎的心理，匆匆开启了我的教育与教学之旅。每天早晨，我努力做到第一个进入教室，等待同学们的到来；中午，我要求同学们在一个固定时间进教室休息或练字，我则坚持在这个时刻前进入教室；下午放学，我会一直等到值日生做完值日，检查验收完毕后才离开学校；晚自习时，我要求同学们保持安静，不乱说话，为此，我总是去教室巡视，甚至一整节自习课都坐在教室里。

课堂上，为了让同学们养成良好的听课习惯，提升课堂效益，我制定了课

堂学习规则，研发了课堂管理评价量表，并坚持把评价结果汇报给家长。课外活动时，我都会跟着学生，不断地提醒他们达到我的标准。与家长沟通时，我采取了一种方式，经常把我自己认同的有关家教理念和中外教育理念的文章通过微信发给家长阅读。对于班委会和学习小组等团队建设，我也是努力按自己以前的观念和策略推行。

一年的工作接近尾声，自我感觉很尽力，班集体和同学们正在向着理想的方向发展。但是接连发生的两件事，让我不得不陷入沉思，重新思考我的教育与教学观。究其实，我一年的工作，是带着过去的主观与偏见开展的，其原因可以归结为：来不及改变，抑或是存在过去思想和行为的惯性。

第一件事是学校对班主任工作进行了问卷调查，我的认可率竟然不到百分之六十；第二件事是一位家长与我进行了沟通，她说："我得给您提提意见，您过多地关注孩子的学习，对孩子过于严格，忽视了孩子们的其他爱好与活动。我们家长只有这一个孩子，我们希望他能健康快乐。"

是啊，一年来，为了干好工作，把学生带好，我不知不觉地表现出了个人主观的强势。如高标准要求学生，且要求每一个学生都必须刚性执行，少了些亲和力和情感沟通；发现学生的问题多，纠正不良习惯多，批评多，缺乏对学生错误的宽容；以控制型管理为主，没有尊重不同学生的需求，过于着急地让班级和学生按自己的理念和方式发展，权威意识多了些，民主意识少了些；没有认真研究不同学生家庭的实际情况，以为家长能配合自己的工作就可以了，不必去满足不同家长的需要。

回忆过去那一幕幕与学生相遇和交往的场面，学生的表现与言语就像一面镜子。我把我的灵魂状态、生存方式如实地投射到学生的心灵上，我在教育中体验到的纠缠不清折射出了我内心的交错盘绕与困惑无奈。它让我彻底明白了一个道理：另外的世界一定会有与这个世界相应的关系。学生，是教师灵魂的"照妖镜"，任何时候，你忽略了与这个世界的关系，忽略了关系中的人的不同需要，你就会成为教育的失败者，就会是学生成长和进步的最大阻力。

评价一名好教师的标准，更应该说评价一名成熟教师的标准，是从学生的角度出发，以学生为主体反观教师的理念与行为。每一名教师都会有自己独特的观念和主张，但是，如果不以学生为本，它就成了一种偏见。

我阅读过李镇西老师写的关于詹大年校长的故事。我与詹校长时而在微信里有些互动，是没见过面的老朋友了。

“问题孩子他爹”，这是詹大年名片上的自我介绍。因为他的学校专收全国各地被其他学校踢来踢去不要的学生。“别人不要，我要！”他说。

那么怎样的孩子是“其他学校踢来踢去不要的学生”呢？当然不是能够考上清华北大的“尖子生”，而是那些家长管不了而学校也不敢管的孩子。

詹大年把他的学校取名叫“丑小鸭中学”。读过安徒生童话的人都能明白这个校名的含义，即这些孩子其实都是未来的“白天鹅”。这个校名寄寓着詹大年对这些孩子的爱和信任。

“许多孩子都是被绑来的，或者是被骗来的。”詹大年说。由于种种原因，初到这里的学生都是“劣迹斑斑”的——这可不是夸大其词。

其实类似的学校我也听说过，比如工读学校，或者网上传言的各种戒网瘾的学校。“但我们学校就是一所正规的初中。”詹大年强调说。

在丑小鸭中学的每一间教室墙上都有这样几句话：任何时候校长都会帮助你。詹大年电话：××××××。QQ：××××××。微信：××××××。博客：詹大年的博客。

试问，全国有几个校长敢把自己的个人联系方式向学生如此公开？“任何时候校长都会帮助你”，有谁敢向每一个学生做出如此承诺？

现在，依然有家长源源不断地把让他们感到绝望的孩子送到詹校长这里来。詹校长对学校的前途没有表现出特别的乐观，也没有表现出特别的悲观。他淡定而执着。他没有“高瞻远瞩”的“战略眼光”，心中只有当下一个个孩子和家庭。

他说："我没想过失败，也没有想过会倾家荡产，我只是想如果我能让一个被放弃的孩子回到正常的生命状态，就是成功；如果能够让几近崩溃的家庭找回欢笑与希望，就是幸福。"

詹校长在微信公众号上这样写道——

生命，来也平淡，去也自然。

生命里，本来就没有什么特别的大事。

哄孩子，教自己，每一天。

这样，很好。

想想当我们仍然在抱怨自己学校的生源不好，学生家庭教育跟不上学校教育的步伐时，与詹校长还有他的教师团队相比，我们是多么渺小！我们的那点困难，我们的那些困惑，与丑小鸭学校相比，那还是困难吗，还叫困惑吗？想想自己这么多年做教育的境界，竟然与詹校长没法比较，詹校长才是真正的校长，是教育家！

人与人之间存在差异是人类社会的本质，我们应该面对这个现实。我们要做的，是在此基础上探讨如何建设更加包容的课堂，探索更加人性化、适合每个情况各异的孩子的育人环境与策略。教育是有道德目的和社会影响的。我们所制定的教学方法与未来社会及受教育者的人生发展息息相关。

因此，当你的世界发生了变化，你必须明白自己与这个世界的关系，明白自己过去的肤浅。你需要修正自己固执的主观与偏见，做到时刻想着把学生放在中央，否则，美好的教育就不会发生。

文章最后还是借用詹校长的一句话——任何时候校长都会帮助你，作为对自己今后工作与生活方式的鞭策吧。它更是今后治理学校、自己专业发展与人生交往的座右铭！风向标就在眼前，我要走好自己后半生的旅程！

生命自我修复的勇气

山东、北京、成都、西安，几天来就在这几个地方之间穿梭着，无暇顾及那些迷人的风景。到了回归心灵的年龄了，自己便不会去醉心于那些风景。

我却遇到了一群有着生命坚持的人，用自己的灵魂聆听着这些生命强者与歌者的故事，很久不流泪的眼睛竟然湿润了好多次。

一名看似弱不禁风的女子，说话都是柔柔的，她却顽强地奋斗在相对落后的农村教育的一线。她分管整个镇的各学段教育，包括幼儿园、小学、中学。听她对教育的思考，看到她一个暑假要做的事，我感觉困难在她面前竟变得如此渺小。

我感动于她的品质，是因为我发现她代表着具有高贵精神的中国教育的脊梁。那个她热爱的很小的地方，就是她的整个世界，就是她生命成长的理想之所。

她看起来心灵很自由，感恩着身边的所有人，也严格要求着包括自己在内的所有人。我被她感动了，内心及时得到了检视，生命的力量开始升起，对未来充满了希望。从这位教育者的身上，我发现了那个想懈怠的自己，太没面子了，还是要好好学习、好好工作。这个给我生命启示的人，她叫张海珍。

李西闽老师，著名的作家，他是四川汶川地震的幸存者，曾被压在倒塌房屋的废墟下三天三夜。

他说："当绝望时，生命是多么卑微。因为口渴，每喊一句话嘴唇都是撕裂的疼痛。"他说："每一次有人过来，说是要来救我，走后却再没有回来。连续三天，我坚持着。我想到了亲人们。是我女儿救了我，她在这三天每晚半夜都会坐起来大哭。这是后来岳母告诉我的。我原谅了我的父母，终于理解了他们养育我的不容易，也原谅了所有不理解我的人。就在这七十二个小时里，我与很多人的关系有了重新修复。正是这些内心情感的美妙流动，以及对我以前生命经历的回忆，才让我的生命有了奇迹般的坚持。

李老师的故事，让我明白了一个道理：坚持是一种信仰。我们只要活着，就是幸存者；只要是幸存者，就要有重生的勇气；想要重生，就要相信每一个人，相信他们会给自己一点希望，还要相信自己能回应他人的呼救！

不要用时间来混自己的日子，而要用时间来丰富自己的生命。不要轻信他人的话，那可能是谎言；但是谎言有可能也会让人产生希望！坚持，命运就会有转机。在逆境、灾难中坚持。从希望到绝望，从绝望到希望，活着是最大的希望。他人的生命经历与体验，或许你从来不会遇到，但是它丰富了你的生命。也许某一天你会遇到类似的事情，但因为自己曾经感受过，也便能心态安然，从容而淡定地度过。

一系列对自我生命的体悟随着李老师的述说流淌出来，我内心卑微的那个东西得到了叮嘱：向死而生，信仰坚持，这才是真实的人生。听见李老师爽朗无邪的笑声，看到他谦虚友善的举止，我似乎明白了我今后人生的正途！

这几天与几位好友聊到一些事情，我充满勇气地述说着自己童年时期遇到的心灵创伤，述说着生命的艰难与意义。朋友们好像都被感动了，竟然也把自己早已封固在内心的故事说了出来。都是几十岁的人了，却边说着自己的过去边抹着自己的眼睛，流泪了。

好了，既然说出来了，就没事了。自己的内心也得以释放，与很多人的情感有了修复。自己的变化会改变身边的所有关系，生命因此而强大起来。心灵从此自由舒适，会去自觉地影响他人，更加专注地坚持，与他人亲密无间地相处！

反复品味着上面这段两年前写的文字，生命再次觉醒。2020 年 7 月 12 日这一天，是个星期天，我本该在家休息，但是，不知怎的，总有一股力量吸引着我。我稍作思考，是学习的力量吧。

我一直有一种观念：在家太过舒适，容易懒散下来，而回到自己的办公室，就好像恢复到一种紧张的状态，读书、反思、学习，自然会有效率一些。

我拿起一把伞，出了家门，下了楼梯。外边下着毛毛细雨。就不撑开伞了，沐浴着凉爽的夏雨是多么惬意啊！

在上了平时每天走过的天桥，离学校还有接近一半的路程时，雨突然变得急促起来。我赶忙撑开雨伞，手中拿着的两本书却突然落到地上。这是我今天要读的书啊，我迅速弯下腰，把它们从水里“捞”起来。

雨越下越大，鞋子湿了，裤脚湿了，我尽量拣着高地跳跃着走。人还是要往高处走啊！在此期间，我心里有几次犹豫，是回头往家走，还是继续往前走呢？

因为在我的脑海里出现了一个词——前不巴村后不着店。它的意思是前面没有村子，后面没有旅店，形容人走远路走到荒郊野外，找不到歇脚住宿的地方。人生其实不也如此吗？我们经常会陷入“前不巴村后不着店”的境地。勇敢者、有自己的使命者，会毫不犹豫地继续向前，去摘取他心中那颗希望的星；怯懦者、缺乏目标者，则会停下来，思考得与失、利与弊，也许就返身而回。

走进校园的大门，发现来不及流走的雨水，把整个的操场都淹没了，在雨滴的碰撞中、微风的扫拂下，好像汇聚成了一池的水，碧波荡漾，银光闪闪。

此时我想起了张桂玲老师为我即将出版的新著而写的第四章导言——“好学校是一方池塘”。

西方有句谚语：如果你不知道你要到哪儿去，那通常你哪儿也去不了。

犹如暗夜里的满天繁星，必将照亮漫漫长旅，文化，也正是学校要走向哪里的一座精神路标。

朱永新认为，缺乏文化自觉的学校永远沉湎于学校的事务怪圈，技术操作，规章制约，任务完成，而具有“文化自觉”的学校，则清楚地知道自己在秉承什么，知道自己想要用一种怎样的理念去贯彻到学校的方方面面，去影响全体师生的生活，它关注的是呼唤教育教学的精神追求和皈依，反对任何形式的精神奴役，拒斥心为物役的精神扭曲，崇尚扎根于心灵深处的对自由、高卓、尊严、纯真、圣爱和诗意的精神祈望与眷注。

有如此文化自觉的学校，就像是一方池塘。学校的使命，就是要在池塘里注入适合各种生物生存的一汪净水、活水、深水。“如果你在地里挖一方池塘，很快就会有水鸟、两栖动物及各种鱼类，还有常见的水生植物，如百合等等。你一旦挖好池塘，自然就开始往里面填东西。尽管你也许没有看见种子是如何、何时落到那里的，自然看着它呢……这样种子开始到来了。”在梭罗的笔下，池塘就是种子诞生信仰的地方。

好学校的价值，正如池塘，要为学生创造一个可以自由呼吸、自在生长的文化生态环境，赋予学生赖以生存的阳光、空气和水，像一方蓄满了爱与美、尊重与自由之水的池塘，把生命带向无限的辽阔与高远……

雨停了，漫步在美丽的校园里，这是我每天不知要看多少遍的校园。校园里有很多种植物，月季、凌霄、紫薇、睡莲、鸢尾正开放着。我走进听梦苑，在一方池水旁驻足。

我在想，也许，这就是我要在暴雨中继续前行的力量吧。营造一方池塘，正是我冥冥之中的使命。可能很难，可能会经常走到“前不巴村后不着店”的地方，但是我相信，只要坚持，不忘初心，脚踏实地，前面总会有能够让我歇脚的旅店的。

我现在终于明白了：千万个美丽的未来，抵不上一个温暖的现在；每一个真实的现在，都是我们曾经幻想的未来。未来就是抓住现在，把现在经营成未来。不要后悔往事，更不要在意当下的得失。按照守恒定律，哪有成功与失败之分呢？如果 A 计划宣告失败的话，字母表上还有其他二十五个字母呢。

多么豪华的妄想啊！总之，我们要时刻准备好跟随自己的内心，而不是随波逐流。当任何时候都可以开始做自己想做的事时，真正的生命便开始成长了。

终于开悟了，所遇到的这些人让我的灵魂得以修复。想起《易经》中的谦卦。在这六十四卦当中，有六十三卦都是吉凶参半的，只有谦卦是完全吉祥的。其实它告诉我们的道理，就是谦虚低调可以使人平安。

以进化之道适应这个不确定的世界

2021 年对我来说，可以算是审视笃定，清醒盘点，认定思路的一年。很多发生的事情、经历的磨难、认准的坚持，可能是我整个人生最重要的选择与定盘。

最近我看了一个短视频，是曾仕强关于规则的论述：“规则看似是规则，也不是规则，规则内外都是利于自己成长的机遇，如此，则无规则。”我深表认同，比如，一个单位要求员工必须八点签到上班，有些人会认为，自己受到了限制，抵制这项规定；而有些人，却拥抱这项规定：我可以早些起床，做到一切准备好，游刃有余；我可借此放松心情，锻炼身体，吃好早餐；我也可以借助这个时间读读书，提升自我；可以与同事聊聊天。你看，哪有规则的约束啊？

我每天都会步行去学校一趟，哪怕是双休日、节假日。有人会把这个行为解读为我有多么敬业，爱校如家，其实，他们不懂，这是我真实的生活，一种很密切、融通、一体的行为。

我在单位，想的是工作，当然，还有与学校工作有联系的其他人的思想交流，这不是一种生活吗？工作、成长、友情都有啊。我在家，一般也不会沉迷于电视剧，流连于沙发软床，我更多的是在书桌旁，读书、写作，把一天的所做所思进行梳理、提升，这不是工作吗？

我与一位老教师交流，说都是知天命奔耳顺的年龄了，把生活与眼下的事情融为一体，享受做事的快乐，享受成就他人、与人为善的满足，足矣！

最近读了一本书，里面有则关于两位亲兄弟的故事：哥哥在一家知名的银行工作，收入可观且稳定，好像没有什么风险；弟弟是一名出租车司机，每天的收入不稳定。兄弟俩的职业看似悬殊，但是多年后，哥哥被辞退，五十岁失业了；弟弟的职业却一直延续下去，很稳定。也就是说，在这个日益发展的世界里，没有一成不变的稳定的事情，但是，看似不稳定、不确定的事情会坚强地持续下去。这是因为，不稳定、不确定，正是今后稳定、确定的前提，因为它会促使自己不断调整，寻求新的机遇与办法。这是大自然的法则，是进化的道理。

面对变幻莫测的世界和日新月异的时代，是故步自封，怀念过去；是把握变化，虚幻未来；还是接受震荡，调整当下？这些都需要经过自身的心理斗争。说到斗争，我看身边的事情，都离不开斗争，什么我比你强，你比我高；什么制度对我不合理，对他们有利；什么我为工作付出太多，而他们太轻松；等等。于是，产生了心理的不平衡，产生了暗自的不正当竞争，甚至钩心斗角、暗度陈仓、隔岸观火。我看，这是大可不必的。其实，一个人真正的成长、真实的获得，依赖的是自己内心的坚定。其他的，你想想，是不是都是身外之物？只要抱着向死而生的生命哲学，做好自己，修炼自己，然后尽己之力，人生自然自由、神圣。

在写这篇文章之时，有几个老家的朋友与我微信交流，大多是阐明自己的困难与无奈。我回复他们的只有一句话：人生有输赢吗？

这就是我在 2021 年的深刻感悟：遵循大自然的选择。

今天是 2021 年的第四天，上午我去了一趟学校，学校的老师们依然很是勤恳敬业，值班、上课等都井然有序。下午我走进了毕业班的几个教室，发现老师们都在认真地处理问题，学生手头上的作业或试卷，都用红笔批阅过，这显然是老师的心血。我不想打扰他们太久，每个班待了两三分钟，就轻轻离开了。

回到办公室，收到后勤刘主任发给我的一篇文章，是他刚刚写完的。我认真读了一遍，感受不少。下面我把刘主任的文章分享给大家，我想大家读后会获得不少反思。

今天学校来了一位招投标公司的工作人员，到学校办理招投标手续。她找校长签字，但校长去密云镇办事去了，要半小时后才回来。于是，她就在我的办公室等着。

在她等校长的同时，我们开始了一些谈话。通过谈话我了解到，她是黑龙江人，工作单位在北京亦庄开发区，距离密云150多公里。她早晨很早就开车出来了，四环堵车，快十点才到密云。后来我们拉起了家常，她说:“我六岁时，父母就离婚了，自己和弟弟没人管，我每天要洗衣、做饭，要不弟弟就没有穿的、吃的。”我说:“你家里一个男孩儿一个女孩儿多好呀，父母干吗要离婚呀？他们是自己谈的还是别人介绍的”？她说:“是人家介绍的！在我的记忆里，父母总是吵架，我特别盼着他们离婚。”我说:“孩子都怕父母离婚，你怎么盼着他们离婚？”她说:“因为我每天放学回家，都要先在门口听听家里的动静，如果有大喊大叫的声音，我就不敢回家了，赶紧跑到同学家里躲着。家里的日子太累了！我爸爸总是打我妈。他们离婚以后，又都组建了新的家庭。我和弟弟都被判给了我爸，但他很少管我们俩。我妈忙自己的事，只好我一个6岁的小女孩儿，负责照顾弟弟上学吃饭！总算熬过来了。当年考大学，我特别不愿意当老师，就考了一所能学企业管理的大学，现在想起来，真是后悔死了！当老师多好呀，能够按时上下班，逢节假日就休息，哪像我们呀，加班加点是家常便饭，忙到夜里两三点是常事，几乎甭想按时上下班。现在我都35岁了，就是不敢要小孩。”我说：“为什么呀？”她说：“现在我们生活极其没有规律，一天到晚加班，吃不好、睡不好。再加上要小孩还得雇保姆，北京的保姆最普通的也要七八千元，哪里雇得起呀！我一个月也就挣八九千元。我虽然很喜欢小孩子，但真的不敢要！生活真的是太累了，我真羡慕老师！”

通过与她攀谈，我感觉到，教师的工作很辛苦，但是比起有些行业还是要轻松得多、幸福得多！我们可能会觉得工作很辛苦，那是因为没有与其他部门的工作比较。我们真正走出去了解一下，会发现比我们辛苦的人多的是。有一次在大门口执勤，我通过与民警聊天得知，他们的工作量和难度真的是我们无法想象的。所以我们应该珍惜当下，庆幸当初我们的选择，干好自己的本职工作！

无独有偶，我收到了来自江苏省仪征中学谷虹老师的一封信。信是这样写的：

我是一名高中英语老师，从去年暑假开始关注您的作品和您本人。

最近在读您的新书《教育微创新：发现细节的力量》，在读到“你想三年内成为一名骨干教师，那就应该围绕这个目标来阅读”时向您请教，没想到李校长竟将联系方式分享给我，如此平易近人，让人受宠若惊。

由于入行晚，之前的工作与教师行业无关，所以入职两年多以来，我钻研教材《牛津高中英语》的时间较长，分配给阅读的时间较少。现在慢慢地对教学比较熟悉了，我决定通过多阅读、多写作来促进自己的专业成长。近期学校举办读书演讲比赛，我将“教育微创新”写进演讲稿，把里面的内容分享给大家，大家都说不错，我也因此获得一等奖。真是对李校长很感激！

这只是个小插曲，我想接下来继续钻研李校长的书籍和公众号。您如远方的灯塔，给青年教师的成长指明方向；您是一位良师，做您的徒弟是如此幸运；您又是一位平易近人的校长，让学校里每一个孩子、每一位老师都感到幸福。

从两个人的生命样态中，我们可以看到“进化”不同的意义，都对我们自身有所启示。而我自己，之所以遇到他们的故事，知晓了他们生命变化的真实历程，与我终于明白了“进化”的内涵是有关系的。我们要适应选择、适应变化、适应规则，在这个不确定的、充满风险的世界里，从容而笃定地生存下去。

一切都是为了美好的生活

美国教育家泰勒说:“一个人的美好生活，就是不断地试图使自己变得更富有人情、更善于学习、更有助于他人，以及与别人一起形成一种尊重每个人的潜力、不贪图他人为自己服务的社会。”

这段话很好地诠释了学校是个什么地方、它存在的意义与价值是什么，也很好地诠释了老师这种角色的神圣职责与行为目标。一名老师的美好生活，就是每天让自己变得更富有人情，心存良知，去珍爱每一名学生，去成就每个孩子；变得更善于学习——这是一名优秀教师的必备能力和素养，一名没有学习力，不注重自身成长的老师，就会产生职业断电，他就没有与他的渴望成长的学生进行心灵对话的资格，他一辈子也成不了一名良师；变得更有助于他人，让自己的品格和学识成为他人的行走方向与力量，让自己的生命阅历与生活精神成为他人可资借鉴的东西。努力让自己变成他人认可的成长导师与人生贵人，这就是老师!

与自己的同事一起，努力去创建适合学生选择的优质课程，走进每个孩子的生命里，去发现他们的兴趣、呵护他们的个性，为他们每一个人的潜力绽放、为他们每一个人为人类创造美好生活的愿望打好奠基。他们一批批走向社会后，都会自觉地服务他人、服务社会、服务世界，有担当，讲奉献。教师做这个工作的地方，它叫学校。这就是学校的使命与职责！

我常想，无论社会的繁华喧嚣多么令人羡慕，无论世界的惊艳美景多么令人向往，一所学校，千万不能去效仿追随那些东西，因为那些东西不属于学校；一名老师，千万不能去涉猎、心仪那些东西，因为它们也不属于老师。

属于我们的美好生活，永远都是不断地试图让自己变得更富有人情、更善于学习、更有助于他人，以及与别人一起形成一个尊重每个人的潜力、不贪图他人为自己服务的社会。这就是教育的本质！

2018 年 3 月 31 日、4 月 1 日，感觉这两天天气格外热，也许是因为刚刚离开冬季，我还来不及适应暖春的迎接吧。道路两边的树木已经抽出了嫩芽，能开花的树早已按捺不住大自然的热闹，开始争相斗艳了。

我应泰安的邱校长与济南的侯校长之约，走进了他们的校园。3 月 31 日下午，在曲阜的孔子文化学院，我开启了一场以“教师自成长”为专题的课堂。授课之前，我们几个校长、老师在孔子像前合影留念。这次与来自各地的老师进行交流，主旨是希望大家在新时代，自觉打开自己的一片天地，追求自我自由的成长。

前段时间，我校组织了一场“全学习理念下教学变革课堂展示会”，初二年级的张森同学接受记者采访时说：“新的课堂给了我们更多的学习思考空间与机会，将我们内心真实的一面展现了出来。”我想，让学生在课堂上把自己的真实呈现出来，包括真实的问题、真实的情感、真实的关怀、真实的人格，这才是我们追求的理想课堂。

《论语》记录的是孔子与他的学生的对话，其中闪烁的智慧之所以世世代代连绵传承，启迪生命，完善人性，是因为他们的对话传递的是内心的真实。因此，我在与老师们交流时，也是通过自己人生的真实经历，与老师的真实思考进行了心灵的互动、灵魂的影响。

讲完课后，有两个老师给我发来微信：

李校长好，我是山东肥城市左丘明实验学校的解洪波。今天下午听了您的讲座，我受益匪浅，同行也一致认同您的教学管理理念。我们学校刚推行“周三无作业日”，孩子们很高兴。我想拜读一下您朋友圈的博文，谢谢。

我叫王桂英，您是教育界人士的学习楷模，更是我们一线教师追求自我发展的精神领袖！能想象，您的老师们会是多么幸福，上进，有能量！祝您每天工作顺心顺意！

4月1日上午，在济南历城区七里河小学，我又听了福建王木春老师的报告《民国的那些大师》，聆听他娓娓道来那些过去的大师的课堂逸事，从中均感受到了真实。想让学生真实、课堂真实，就需要老师真实。真实的老师，要有一颗自由的心灵，还要眼中始终有人，心中永远有情。要积淀自己的学养，修炼自己的道德。

我想强调一点：这两天，这两群教师，牺牲了自己的休息时间，自愿自觉地聚在一起，为了自己心中的梦想，孜孜以求，这是何等的伟大，他们都是祖国的良师！他们的教师生活很真实！

而那些拒绝学习，贪图浮华社会的邀约，屏蔽了他人对自己的帮助，以一种自以为是的姿态处世，不能谦卑地向周围人请教的人，他们便只能飘荡在远离真实情境的教育生活里，遇不到人生中的志同道合者，永远产生不了生命的真正对话。他们失去自己的能量，没有自己的吸引力，一辈子浑浑噩噩，只是浑然不知罢了。学习永远在路上，梦想永远在心中，行动永远在坚守中！

我一直认为，遇到的这些人，他们身上的故事，其实也代表了不同时期的我自己。因此，遇到的他人，就是不一样的自己。

我的每一天，要从每时每刻都尊重每一个人开始，始终关注身边的积极方面，给予不同的人更多勇气和动力去度过那些失去希望的日子。

与工作或生活中面对的众多挑战相比，能否友好地待人似乎显得微不足道。但是如果我们的人、整个课堂甚至学校都把这一原则作为根本，许多其他挑战也就变得容易多了。我们要把学会友好地对待别人等同于赋予了自己一种宝贵才能，让这种才能的影响在学校里传播开来，在你自己的周围散发开来。

我们每个人，从童年、少年，甚至到青年，总是试图掩盖自己的不同，试图变得跟别人一样，试图融入大众之中，试图加入某一个群体，试图顺应社会被社会接纳。在这个过程中，一个人是会感到孤独和恐惧的，他总是想与众不同，去寻找那个不一样的自己，但又不得不与他人殊途同归。他的路会弯弯曲曲、磕磕绊绊，会招来各种猜忌与讥讽，也会赢得他人目的性的激励与奖赏。自己的身份开始不断地被打磨，并反复被确定。

在三十几年的教师生涯中，我看到了自己，也感受到了一个个学生。我们的精神滋养与灵魂路途是否真实地与学生渴望的样子接轨？我们是否在真实的情境中邀请自己高尚的思想与自己原始的个性和谐地融入学生的心灵里？

每一个人的成长源于惊奇、赞叹，经历怀疑、鼓舞，再到建立信仰、使命，这是形成思想、个性、情感和人格的过程。教师所实施的教育行为，本质是以自己的思想、自己的思考来影响学生，真正的教育者总是怀着鲜明的思想和信念去接触学生，在学生面前表现自己，敞开自己的内心世界。

苏霍姆林斯基说："必须使教师的人格能吸引学生，以其思想和生活观点、信念、道德伦理原则、智力的丰富性和热爱劳动的品质的完美性来鼓舞学生。""这首先就是教师在生活、工作、行为中体现的理想、原则、信念、观点、道德和伦理立场的和谐统一体。没有这个统一体，也就没有教育者完美的人格，也就没有真正的学生集体。"

只有当学生树立起自我教育的愿望，知识变成了信念和高尚的劳动，他们愿意去自主学习，培养起道德自立所必需的毅力时，教育才会真正开始，教师的人格才会发生影响，学生才会是教师的学生。

但是，现实往往并不像我们希望的那样美好。教育世界里总会有一些东西或力量让我们变得庸俗不堪。在此，我想借助《谋生之道》作者克里希·那穆提的文章《为什么大部分人不承认自己庸俗？》中的观点，揭示我内心的纠结：我们会不自觉地绕着自己的利益打转，为了解决眼前的问题，我们会追赶在乎成败的自己、虚荣的自己、悲伤的自己、愤怒的自己……而这些庸俗的自己会把我们拉向习惯、高傲、渺小和自由自在赖以生存的地方。

试想，我们的内心里塞满了一些琐碎的事务，如自己学科的成绩不如别人、自己班级的量化考核可能被通报、害怕他人评论自己的积极进取、想成功又不想坚持、有了荣誉还想获得更多、不停地抱怨学生或家长的不足而看不到他们的人性光辉等等。这些挤满了我们内心的问题让我们脱离了自己的真实。

我们做教师的，不应该总是寄希望于他人尊重自己，希望社会必须重视自己，希望自己始终保持行为正当，我们应该从这些琐碎的、令我们疲惫不堪的事务中彻底脱离出来，不去担心或恐惧他人是怎么评价我们的。自己内心的安定是最强大的吸引力，自己变了，周围的世界也就变了。学生真的需要一种自由，去发现自己一生真正喜爱的事情，对自己的生命有所选择。而心怀庸俗事务的教育者是没有勇气、机会和灵性来理解和解读学生的生命需求密码的。

教师这一工作，其实是我们的一种生存目的和生活蓝图，这是命运的自然安顿，相对于真理，对照自己，这是唯一正确的。我们的思想和生活应该忠诚于这一事业，感激这生命旅途中的处处胜景、次次相遇。教育、教师和学生的个性、思想与行动实现内在的自转，所做的任何事情都是在履行对个人、他人和社会的义务。这样一想，教育的幸福感会从天而降，与我们不期而遇。

当被涤荡的内心不再有任何庸俗的想法和事务时，真正的教师回来了，教育就会显得再简单不过，只不过遵循规律运行而已，学生的个性也得以自然地成长与绽放。

后记：让种子播到土里等待萌芽

工作三十年了，已进知天命的年龄，有时会产生放下一半的自我感觉，甚至想安静地消失了。

想到凡·高的一段话："我强烈地感到人的情形仿如麦子，若不被播到土里，等待萌芽，便会被磨碎以制成面包！"

是的，如果一粒种子不全身心融入泥土里，真实的发芽便不会发生，长成参天大树更是不可能的事。恐惧融入泥土，就会得不到雨水、肥料的滋养，也就会完全消失掉了。

我最喜欢的一件事情，就是走进课堂，要么陶醉于那些求知的孩子们的兴趣和情感中，要么沉浸在同事们教学艺术的精彩展现和生成中。我就像一粒种子，从丰盈深邃的课堂里畅快地吸收营养。

有机会走进一些学校或其他的教育现场，学习领略这些校长的办学理念和教育情愫，体验感受这些校园里的教育元素和创意，给我启发的同时也让我陷入深深的思考中。每次遇到外出的机会，或是有些空闲，我便会选择一本适宜的书，带着这些思考从书中学习一些观点、思想和行为，常常因此发生与实践和现实景象交互的思维碰撞，质疑、否定便涌上心头。而这会促使我反观自我，走进自己的内心，让自己的心灵更加清澈、做事的方向更加明确，从而重建观念，学会从整体观察现象，实事求是地呈现当下，转变自我的意志。

梳理通过多年观察教育而写就的文章，构成了这本论著。它在结构和主题上也许不是那么严谨和集中，但是在整理过程中，通过一个字一个字地阅读，我的确看到了自己探索与思考的历程；一步步脚踏实地地行走，逐层逐层地思考，如同登山，我享受到了不断获得收获的喜悦。更重要的是，经历的事件有成功的，有失败的，有疑惑的，却都树立了自己转变行为的信心，启动了新的、活的勇气和智慧，让自己逐步成熟，更加专注，更加有力量。

我想，梳理出版这本书的目的即在此。也许您阅读完这本书后，会有这样的感受——都是些常识；更会产生不少观念上的质疑——都是些偏见。我会感谢大家提出各类意见，甚至是提出批评，好让我全心地消失，用心地凋谢，获取足够的养分，从内在最深处发芽、长叶、开花、结果。

感谢书中奉献教学和教育现场的老师、校长们，给我观察、考察的平台；感谢所阅读的论著作者和译者，给我学习反思的载体；感谢长江文艺出版社和编辑李婉莹老师，给我出版本书的机会。

其实，这本书中的每篇文章，记录了我日常工作、学习和生活的痕迹，以及自己多年来的生命生长样态。正好借此机遇，引发我的回忆，强化我的执念。只有虔诚地向学生、同行、专家问道，才能开启自己的慧根，柔软自己的人格，找到真正的自我。

最后，我真诚地感谢遇到本书的读者，你们的阅读，以及由此看到、感到、提到的每一个问题，对我来说都是一次重新开始，是送给我的让我更加谦逊求教的珍贵礼物！

写于北京市海淀区万寿路西街育英学校

2022 年 5 月 29 日